X.media.press

Springer-Verlag Berlin Heidelberg GmbH

Thomas Maschke, 1956 in Hamburg geboren, lebt seit seiner frühesten Jugend in kleinen Dörfern rund um Bamberg in Franken und möchte weder diesen Landstrich noch das Landleben missen. Er ist seit vielen Jahren freischaffend als Autor und Fotograf tätig und möchte auch auf die dadurch gewonnene Freiheit nicht verzichten. Seine weit gestreuten Interessensgebiete haben ihn Bücher über Foto, Video, Design und Computer schreiben lassen. Im Laufe der Jahre hat er weit über vierzig Fachbücher und ungezählte Fachartikel veröffentlicht. Schwerpunkte seiner Arbeit liegen im Computerbuchbereich (Macintosh!), daneben publiziert er regelmäßig in Zeitschriften, reist, fotografiert und schreibt unter anderem für die Zeitschrift „tours".

Thomas Maschke

Digitale Bildbearbeitung

Bildbearbeitung, Farbmanagement, Bildausgabe

Durchgehend vierfarbig illustriert

Springer

Thomas Maschke

Friedensstraße 14
96182 Reckendorf
thomaschke@compuserve.de

ISSN 1439-3107
ISBN 978-3-642-62175-8   ISBN 978-3-642-18581-6 (eBook)
DOI 10.1007/978-3-642-18581-6

Bibliografische Information Der Deutschen Bibliothek
Die Deutsche Bibliothek verzeichnet diese Publikation in der
Deutschen Nationalbibliografie; detaillierte bibliografische Daten
sind im Internet über <http://dnb.ddb.de> abrufbar.

Umschlaggestaltung: KünkelLopka, Heidelberg
Satz: Belichtungsfertige Daten vom Autor
Druck und Bindearbeiten: Appl, Wemding
Gedruckt auf säurefreiem Papier   33/3142 ud   5 4 3 2 1 0

Vorwort

Digitale Fotografie ist das eine, digitale Bildbearbeitung das andere. Die Arbeit ist selten getan, sobald das Foto gemacht ist. Es will noch in den Computer überspielt, verbessert, verfremdet, archiviert und – das vor allem ist das Ziel – bestmöglich ausgegeben respektive präsentiert werden. Electronic Imaging – die digitale Bildbearbeitung – und damit der zweite kreative Schritt nach dem Fotografieren kommt ins Spiel.

Hört doch der Spaß mit der digitalen Aufnahme noch lange nicht auf; ganz im Gegenteil. Das Bild kann mit Hilfe des Computers optimiert – oder auch manipuliert – und anschließend in die verschiedensten Projekte eingebunden werden.

Dies ist der Dreh- und Angelpunkt der digitalen Fotografie, denn egal, wie das Foto aufgenommen worden ist (konventionell oder digital), den letzten Schliff bekommt es mit der digitalen Bearbeitung. So stellt es heute die absolute Ausnahme dar, wenn ein gedrucktes Foto vorher nicht durch die EBV (elektronische Bildbearbeitung) gelaufen ist.

In diesem Kontext erhebt sich die Frage nach der Wahrhaftigkeit der digitalen Fotografie, denn im Gegensatz zu einem analogen Foto hinterlassen Änderungen im digitalen Bild prinzipiell keinerlei Spuren.

Wie weit diese digitalen Beeinflussungsmöglichkeiten genutzt werden sollen, kann jeder nur für sich selbst entscheiden. Der eine wird eher zu „unmittelbarer" Fotografie tendieren, das heißt, er gibt die Bilder auch weitgehend so wieder, wie er sie fotografiert hat. Der andere dagegen betrachtet die Aufnahmen lediglich als Rohmaterial, das es auszufeilen gilt. Beide Standpunkte haben sicherlich ihre Berechtigung.

Der digitalen Fotografie wohnen Chancen und Möglichkeiten inne, von der die analoge Fotografie nur träumen kann. Das Ziel gestaltender Fotografie beschränkt sich ja niemals auf eine möglichst exakte Reproduktion, sondern lässt sich viel treffender mit den Worten „das Gesehene zeigen" ausdrücken. Und genau das kann für den digitalen Fotografen eine sehr gute Richtschnur sein.

Es geht genauso wenig um „Wahrhaftigkeit" um jeden Preis wie es um „Manipulation" unter allen Umständen geht. Sondern es geht darum, dass der Fotograf zunächst einmal für sich und damit letztlich auch für die Betrachter das Bild so darstellt, wie er es gesehen und empfunden hat.

Bilder sollen Geschichten erzählen. Und der Fotograf ist der Autor der Geschichte.

Digitale Produktion

Das Manuskript zu diesem Buch wurde mit viel Freude (am Schreiben und am Gerät) auf einem *PowerBook G4/800* verfasst. Teile wurden diktiert *(Olympus Pearlcorder S928)* und von einem Schreibservice abgetippt; der gesamte Text ist in *Word X* überarbeitet und korrigiert worden, er wurde dann in *RagTime X* layoutet und für den Druck in ein PDF überführt.

Die Beispielfotos stammen aus unterschiedlichen Quellen: Teilweise wurden analoge Fotos digitalisiert (auch auf Photo-CD), zum Großteil aber wurden sie mit folgenden Digitalkameras aufgenommen: *Kodak DCS 620x, Minolta Dimage V, Minolta Dimage 7* und *Dimage 7i, Nikon Coolpix 950* und *Coolpix 990, Nikon D1, Sony Cybershot DSC-S70* und *Sony DSC-P1.* Für die Bildbearbeitung wurden der *GraphicConverter* und *Adobe Photoshop* eingesetzt.

Danksagung

An dieser Stelle möchte ich ganz besonders meinem Freund und Ratgeber Thomas Heinemann danken, der all meine – mehr oder weniger wirren und ungeordneten – Gedanken und Ideen überdacht und gegengelesen hat. Der meinem Manuskript mit sehr viel Mühe und noch mehr Sachkenntnis zu Leibe gerückt ist und sein Möglichstes und Bestes getan hat, aus diesem Manuskript ein gutes Buch zu machen. Danke schön, lieber Thomas.

Franken, im Frühjahr 2004

Thomas Maschke

Inhaltsverzeichnis

Kapitel 1 – Das digitale Studio

Kapitel 2 – Farbe in Theorie und Praxis

Kapitel 3 – Bildoptimierung

Kapitel 4 – Bildmanipulation

Kapitel 5 – Fotos publizieren

Kapitel 6 – Katalogisieren und Archivieren

Das digitale Studio

1.1 Computer

Was die nötige Hardware für digitale Fotografie angeht, so ist völlig klar: je leistungsfähiger, desto besser. Möchten Sie in diesem Bereich professionell arbeiten, und steht die Neuanschaffung eines Computers ins Haus, so sollten Sie sich unter den augenblicklichen Spitzenmodellen umtun. Damit haben Sie dann die Gewähr, doch geraume Zeit mit diesem Rechner arbeiten zu können.

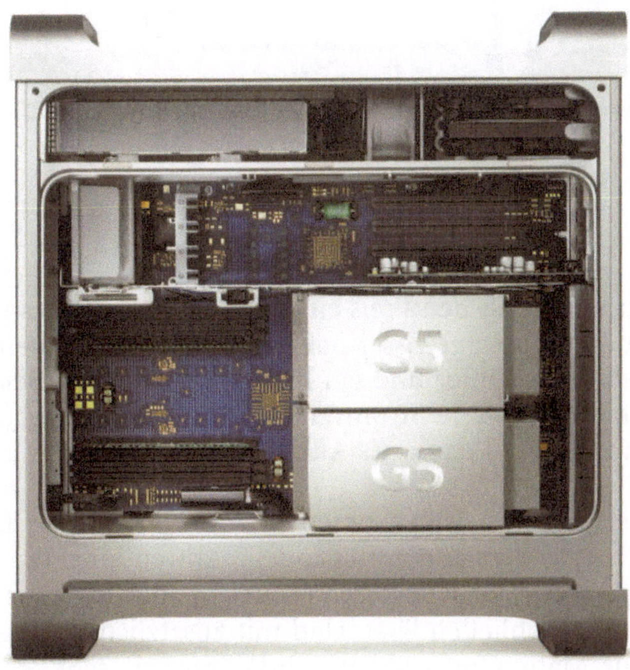

Dual-Prozessor-Rechner
Foto: Apple

Betreiben Sie die digitale Fotografie dagegen eher aus Liebhaberei, so darf es mit dem Bildaufbau, mit der Ausführung einer Rechenoperationen und mit dem Drucken ruhig ein wenig länger dauern. Dafür ist die ganze Hardware schließlich ja auch deutlich preiswerter. Die Ergebnisse müssen deshalb keinesfalls schlechter werden, es dauert nur etwas länger.

Ein tragbarer Rechner kann als mobiles Fotostudio eine ganz hervorragende Ergänzung sein: Die Dunkelkammer von einst ist immer dabei. Nicht nur das, mobile Rechner sind heute so leistungsfähig und die Displays so gut, dass sie nicht nur Ergänzung, sondern ohne Weiteres auch Ersatz sein können.

Multimedia unterwegs
Foto: Apple

Für kaum mehr als den Preis eines Schreibtischgerätes mit LCD-Bildschirm erhält man gewissermaßen zwei Rechner: einen vollwertigen Schreibtischrechner und ein mobiles Kraftpaket. Beide haben eine unterbrechungsfreie Stromversorgung gleich eingebaut, denn ein Stromausfall wird dank des Akkus mehrere Stunden lang überbrückt.

Eine bestechende Lösung, deren einzige Nachteile in fehlenden Steckplätzen und dem für professionelle Anwendungen zu kleinen Display liegt. Wobei sich bei guten Modellen auch ein externes, größeres Display anschließen lässt. Und mit zusätzlichen Eingabegeräten (Tastatur, Maus, Grafiktablett) wird daraus ein sehr brauchbarer Schreibtischrechner.

Dabei ist jeder gute Laptop ein Meisterwerk der Ergonomie. Zumindest verglichen mit (vielen) Schreibtischrechnern. Da pfeifen Festplatten, surren Lüfter, flimmern und strahlen Monitore. All das fehlt tragbaren Rechnern. Sie haben keinen Lüfter und sind damit sehr leise. Sie besitzen ein TFT-Display, das strahlungsarm ist. Einzig die Festplatte ist hörbar. Dies aber in erträglichem Rahmen. Das sind die besten Voraussetzungen für entspanntes Arbeiten auch über Stunden hinweg.

Die Grundanforderungen an den Computer für das digitale Studio lassen sich so formulieren:

- Schnelligkeit. Das betrifft den Rechner wie auch die Grafikkarte und die Schnittstellen.
- Schnittstellen. Digitale Kameras werden heute über USB oder (noch besser, weil schneller) USB 2 respektive FireWire angeschlossen. Moderne Rechner haben diese Schnittstellen meist eingebaut, für ältere Rechner gibt es PCI-Karten mit USB und/oder FireWire.
- Auch in Lesegeräten ist FireWire oder USB 2 beim Datenaustausch schneller und damit besser als USB 1.
- RAM. Genügend Hauptspeicher ist ein sehr wichtiges Ausstattungsmerkmal; denn dann lassen sich auch große Bilder flott bearbeiten. Faustregel: Private Anwender werden ab 256 Megabyte RAM ausreichend flüssig arbeiten können. Profis sollten den Rechner auf wenigstens 1–2 Gigabyte aufrüsten.
- Ausreichend große Festplatte. Eine allgemein gültige Regel kann es hier nicht geben, zu unterschiedlich sind die Anforderungen. So bestimmen Anzahl und Größe der Bilder den notwendigen Speicherplatz. Ideal ist ein Laufwerk respektive eine Partition eigens für die Bilder; Kapazität ab wenigstens 10 Gigabyte aufwärts.
- Backup und Datensicherung. Ein sicheres und zukunftssicheres Medium für die Aufbewahrung der Bilddaten ist unverzichtbar. Siehe Kapitel *Katalogisieren und Archivieren*.
- Monitor. Der ideale Monitor ist groß, farbverbindlich und augenfreundlich. Dazu gleich noch mehr.
- Eventuell ein (kleinerer) Zweitmonitor, praktisch für die Paletten des Bildbearbeitungsprogramms.
- Internetanschluss. Zum Versenden von Bilddaten an Freunde und an den Printservice, und um Bilder auf der eigenen Webseite plazieren zu können.

1.1.1 Tuning

Bei einem an und für sich schnellen Rechner wird die sinnvollste Maßnahme des Systemtunings sicherlich zuvorderst darin bestehen, den Hauptspeicher aufzurüsten.

Photoshop beispielsweise tut sich wie jedes Bildbearbeitungsprogramm schwer, wenn eine Bilddatei mit mehreren Megabyte eingelesen wird, dem Programm aber weniger Megabyte Speicher zugewiesen wurden; große Teile der Bilddatei müssen dann auf Festplatte ausgelagert werden und der Zugriff auf den langsamen Festplattenspeicher kostet viel Zeit.

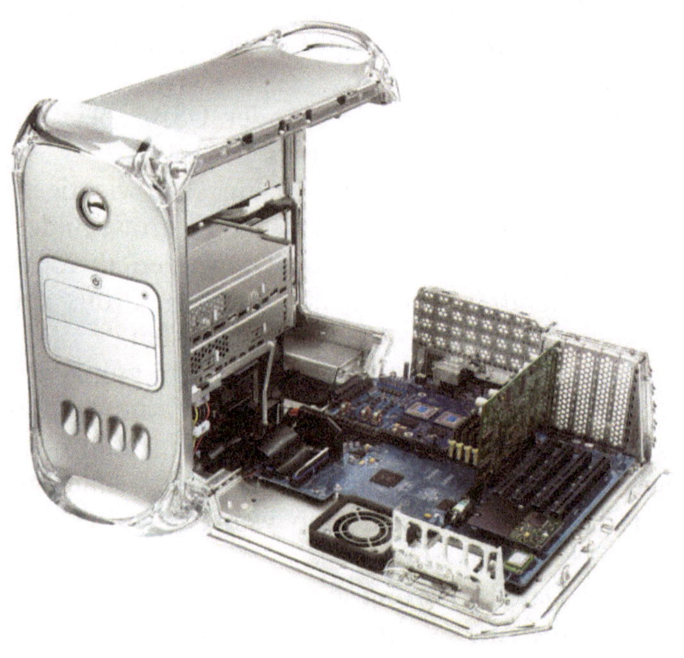

*Mehr Hauptspeicher
ist die effektivste
Tuningmaßnahme.
Foto: Apple*

Der Austausch respektive die Ergänzung einer schnellen Festplatte, vorzugsweise mit einer Zugriffszeit unter 10 ms, beschleunigt alle Lade- und Speicheroperationen auf angenehme Art und Weise; unter anderem auch den virtuellen Speicher: Gerade hier spielt natürlich die Schnelligkeit der Festplatte eine entscheidende Rolle.

Denkbar ist schließlich auch, den Prozessor auszuwechseln. Apples Rechner erlauben es bei etlichen Modellen, die (steckbare) Prozessorkarte gegen eine schnellere zu tauschen. Bei Windows-Rechnern kann unter Umständen das Mainboard ersetzt werden.

Bedenken Sie, dass die restlichen Rechnerkomponenten dadurch nicht schneller werden: Grafikkarte, Systembus, Festplatte usw. bleiben (vergleichsweise) langsam. Trotzdem kann man auf die Art aus einem veralteten System ein annähernd aktuelles schaffen.

Ob sich die Aufrüstung jeweils rechnet, sollten Sie vorher überschlagen: Die Summe aus zu erzielendem Gebrauchtpreis für den alten Rechner und den Kosten für die Aufrüstung ist nicht selten so hoch, dass die Überlegung nahe liegt, lieber das alte Gerät zu verkaufen, und den Gesamtbetrag (Verkaufserlös plus Budget für die Aufrüstung) in einen neuen Computer zu investieren. Der ist dann nicht nur noch schneller, sondern hat auch eine größere und schnellere Festplatte, einen DVD-Brenner, …

Egal, ob Aufrüstung oder Neukauf: Lassen Sie sich nicht von Benchmarks (Geschwindigkeitsmessung) blenden. Da werden oft in eindrucksvollen Grafiken kleinste Fortschritte groß betont. In der Praxis ist davon aber wenig zu merken. Gilt doch die Faustregel, dass sich die Geschwindigkeit des Gesamtsystems (also nicht die Prozessorgeschwindigkeit allein) in etwa verdoppeln sollte, damit sich die Aufrüstung auch dauerhaft lohnt.

Profis werden auch geringere Geschwindigkeitsgewinne begrüßen, denn da zählt buchstäblich jede Sekunde bares Geld. Die Schallgrenze bei der Kosten-Nutzen-Analyse dürfte aber auch hier bei etwa anderthalbfachem Geschwindigkeitszuwachs liegen: Alles, was sich darunter abspielt, beeindruckt zwar vielleicht noch im A-B Vergleich, wirkt sich aber in der täglichen Praxis nicht so produktiv aus, wie es Geld kostet.

Viele gute Tuningtipps zu speziellen Betriebssystemen und Rechnerkonfigurationen können Sie einer aktuellen und guten Fachzeitschrift wie etwa der c´t entnehmen. Zu schnell ändern sich die Gegebenheiten, zu unterschiedlich sind die einzelnen Rechner, als dass wir Ihnen hier guten Gewissens weitere Tipps zum Systemtuning geben könnten.

Doch jenseits dieses Feintunings, das sicher noch den ein oder anderen Prozentpunkt Geschwindigkeit bringen kann, bleibt das hier Gesagte gültig: Mit viel Hauptspeicher, schnelleren Komponenten und schnellen Schnittstellen lässt sich ein System am effektivsten beschleunigen.

1.2 Eingabegeräte

Neben den vorhandenen Eingabemedien wie Tastatur und Maus empfiehlt sich für die verschiedenen Mal- und Retuscheanwendungen ein Grafiktablett.

Ebenso leicht und locker, wie Sie beispielsweise Ihre Unterschrift mit einem Stift zu Papier bringen, lassen sich damit Linien, Zeichnungen, Auswahlen und Retuschen erstellen. Die Eingabe erfolgt, indem mit einem Stift auf einer (meist) druckempfindlichen Zeichenfläche gemalt wird.

Das Freihandzeichnen – mit der Maus nur sehr schwer möglich – wird zum Kinderspiel. Ist das Grafiktablett druckempfindlich, so registriert es auf unterschiedlichen Stiftdruck und Linien verschiedener Intensität und Stärke lassen sich zeichnen. Viele Funktionen der Bildbearbeitung lassen sich so wie im Handumdrehen erledigen.

Airbrush-Stift (oben)
und Grafiktablett
Fotos: Wacom

Grafiktabletts werden in verschiedenen Größen angeboten, wobei sich die kleinsten durchaus fürs Skizzieren und Zeichnen eignen. Je größer allerdings das Grafiktablett ist, desto genauer lässt sich damit umgehen. Deshalb sollte für Retuschearbeiten mindestens eine aktive Zeichenfläche in der Größe DIN A5 vorhanden sein, besser noch ist natürlich DIN A4 oder größer.

Intuos-Produktfamilie
Foto: Wacom

Weil Peripheriegeräte in aller Regel langlebiger sind als der Computer selbst, lohnt es sich durchaus, hier anfangs etwas mehr in ein wirklich gutes Gerät zu investieren.

Genau aus dem Grunde lohnt es sich auch, zu einem Markengerät zu greifen, denn in dem Fall ist die Wahrscheinlichkeit viel größer, dass sich auch bei einem Computer- oder Betriebssystemwechsel neue Treiber für die „alte" Peripherie finden. Ein Blick auf die Webseite des Herstellers gibt Aufschluss darüber, wie er es mit dem Treibersupport für ältere Geräte hält.

Trackball
Foto: Logitech

Überlegenswert ist letztlich auch die Anschaffung eines Trackballs. Diese „umgedrehte Maus" benötigt keine Mausmatte und sehr wenig Platz auf dem Schreibtisch und lässt sich – nach Eingewöhnung – sehr schnell und feinfühlig handhaben.

1.3 Farbmonitor

Dreh- und Angelpunkt der digitalen Fotografie ist die möglichst perfekte Bildanzeige auf dem Monitor – hier werden die digitalen Bilder beurteilt, bearbeitet und manipuliert. Und was hier zu sehen ist, soll so möglichst auch im Ausdruck erscheinen.

 Hinweise zur Monitorkalibrierung finden Sie im gleichnamigen Abschnitt des folgenden Kapitels.

Zweimonitorbetrieb
Foto: Apple

Sehr bequem lässt sich mit zwei angeschlossenen Monitoren arbeiten: Einer (groß) dient der eigentlichen Bildbearbeitung, ein zweiter (kleinerer) zeigt die Paletten zur Steuerung der Software.

1.3.1 Röhrenmonitor

CRT-Monitore (Cathode Tube Ray; Kathodenstrahlröhre) unterscheiden sich prinzipiell nicht von einem Farbfernseher. Auch bei ihnen wird eine leuchtfähige Phosphorschicht an der Vorderseite des Monitors durch einen Elektronenstrahl angeregt, der sehr schnell über die Oberfläche gelenkt wird.

Der Elektronenstrahl überstreicht die Bildfläche Zeile für Zeile von links nach rechts und von oben nach unten und beginnt, nachdem er in der unteren rechten Ecke angekommen ist, wieder links oben. Während der Strahl über die Phosphorschicht wandert, wird seine Intensität kontinuierlich verändert, was zu unterschiedlich hell leuchtenden Punkten führt.

Ein Farbmonitor zeigt Farben nach dem RGB-Farbmodell an. Da die drei Farbpunkte Rot, Grün und Blau unterschiedlich stark angeregt werden können, ist es möglich, eine große Anzahl beliebiger Farben zu simulieren. Die drei Punkte für Rot, Grün und Blau liegen so dicht beieinander, dass sie sich aus normaler Sehentfernung nicht unterscheiden lassen; das Auge erkennt nurmehr die Mischfarbe nach dem Prinzip der additiven Farbmischung.

Röhrenmonitor
Foto: Apple

Arbeitet der Computer – respektive dessen Grafikkarte – mit der vollen 24-Bit-Farbpalette (das ist heute Standard), dann können über 16 Millionen Farben dargestellt werden: Eine Farbe kann durch einen von 256 möglichen Werten für die jeweilige Farbkomponente Rot, Grün und Blau definiert werden. Die möglichen Kombinationen dieser Werte bestimmen die Anzahl der möglichen Farben: 256 x 256 x 256 = 16 777 216.

Trotz der prinzipiell gleichen Funktionsweise zwischen Fernseher und Computermonitor gibt es doch deutliche Unterschiede, was das eigentliche Bildsignal angeht. So werden bei einem Videosignal mehrere Informationen (Helligkeit, Farbangaben und weitere Synchronisationsimpulse zum Erkennen des Zeilen- und Bildendes) in einem einzigen Signal übertragen. Dieses Signal heißt auch Composite-Videosignal, weil es aus mehreren Komponenten aufgebaut ist.

Im Fernseher muss dieses Composite-Signal erst einen „Dekoder" (Übersetzer) durchlaufen, in dem die genannten Komponenten aufgespalten werden, um die drei Intensitäten für die Elektronenstrahlen (Rot, Grün und Blau) zu erhalten.

Demgegenüber steuert die farbfähige Grafikkarte des Computers die Elektronenstrahlen über drei getrennte Signale, was eine präzisere Steuerung der Elektronenstrahlen und damit schärfere Bilder ergibt.

Vor allem aber unterscheiden sich die Bildwiederholfrequenzen von Video- und Computerbildern. Computermonitore zeichnen das dargestellte Bild zwischen 60 und über 100 mal pro Sekunde neu (Bildwiederholrate = 60 bis 100 und mehr Hertz). Wir empfinden das Bild als ruhig und stehend.

Ein PAL-Videosignal hat dagegen nur eine Bildwiederholrate von 25 Hz, was zu wenig ist, um ein flimmerfreies Bild darzustellen. Man bekommt recht schnell Kopfschmerzen, wenn man einen solchen Monitor aus zu geringer Entfernung (wie dies ja beim Arbeiten am Bildschirmplatz der Fall ist) längere Zeit betrachtet.

Im Gegensatz zu den im Folgenden besprochenen Flachbildschirmen können Röhrenmonitore heute nur noch einen wesentlichen Vorteil für sich verbuchen: Sie sind preiswert und weil die Technologie sehr ausgereift ist, bekommt man auch von den Billiganbietern durchaus brauchbare Geräte.

Wer sich heute noch für einen Röhrenmonitor entscheidet, sollte darauf achten, dass er die Norm TCO-99 erfüllt, die vernünftige Grenzwerte für Kontrast, Helligkeit und Bildwiederholfrequenz (mindestens 85 Hz) definiert, sowie Vorgaben zur Geräuschentwicklung, Einschaltzeit und Gehäusedesign macht.

High-End-CRT
Foto: Quatographic

Die besten Monitore für die digitale Bildbearbeitung wie etwa jene von Barco oder Quatographic lassen sich mit einer Kalibriersonde exakt kalibrieren und haben einen Sensor, der das Umgebungslicht misst und die Farbtemperatur des Monitors entsprechend anpasst.

1.3.2 Flachbildschirm

TFT-Monitore (TFT = Thin Film Transistor) sind zwar immer noch teurer als die herkömmlichen Röhrenmonitore, die Preise sinken aber ständig. Und das, was sie mehr kosten, bieten sie auch mehr:

Sie sind strahlungsarm und flimmerfrei, dabei sehr scharf und kontrastreich. Flachbildschirme zeigen zudem keine Konvergenzfehler (Fokussierungsfehler) wie Röhrenmonitore. Bei letzteren treffen – zumal in den Randbereichen – die drei Elektronenstrahlen für die Farben RGB nicht immer exakt in einem Punkt zusammen. Farbsäume sind die Folge.

TFTs stellen das Bild weiterhin verzerrungsfrei dar und zeigen auch an den Bildrändern keine Verzeichnung. Und sie sind auch bei gleichem oder größerem Bildschirm leichter und deutlich kompakter als CRTs.

*CRT und TFT
im Vergleich
Fotos: Apple*

*Flachbildschirm
Foto: Apple*

In den letzten Jahren wurden TFTs immer preiswerter und verdrängten zunehmend die CRT-Monitore von den Schreibtischen. Neben der Bildschirmgröße (Diagonale) bestimmen folgende Punkte die Qualität und damit den Preis:

- Blickwinkelabhängigkeit: Das Bild von Flachbildschirmen ist am besten bei senkrechter Betrachtung erkennbar; je seitlicher ein Betrachter steht, desto kontrastärmer, dunkler und unkenntlicher wird das Bild. Doch moderne Monitore zeigen im Bereich von 90–140 Grad horizontal und 40–90 Grad vertikal ein noch sehr gutes Bild, erkennbar bleibt es in noch weit größeren Bereichen.

- Leuchtdichte: Sie wird in Candela pro Quadratmeter (cd/m^2) angeben und an ihr ist abzulesen, wie hell der Monitor ist. Damit das Bild auch in hellen Räumen und bei Tageslicht gut kenntlich bleibt, sollte die Leuchtdichte bei 200 cd/m^2 oder mehr liegen.

- Kontrast: Je größer die darstellbaren Unterschiede zwischen hell und dunkel sind, um so brillanter wirkt der Monitor. Er sollte wenigstens 200:1 betragen. Ein Kontrast von 300:1 gilt als sehr gut, Kontrastwerte von mehr als 400:1 als hervorragend.
Hier übertrifft ein moderner Flachbildschirm den Röhrenmonitor deutlich.

- Anschluss: Traditionell mussten (Röhren-)Monitore analog angesteuert werden. TFTs dagegen können direkt digital angesteuert werden. Doch während einer Übergangsphase musste auf die vorhandenen Grafikkarten mit analogen Ausgängen Rücksicht genommen werden. So wurde das digitale Bildsignal der Grafikkarte in ein analoges gewandelt – und vom TFT wieder in ein digitales zurückgewandelt.
Heute aber sollten sowohl Grafikkarte wie TFT-Monitor einen digitalen Anschluss (DVI)haben, denn die Bildqualität ist sichtlich besser, wenn das digitale Bildsignal unverändert vom Computer zum Monitor übertragen wird.

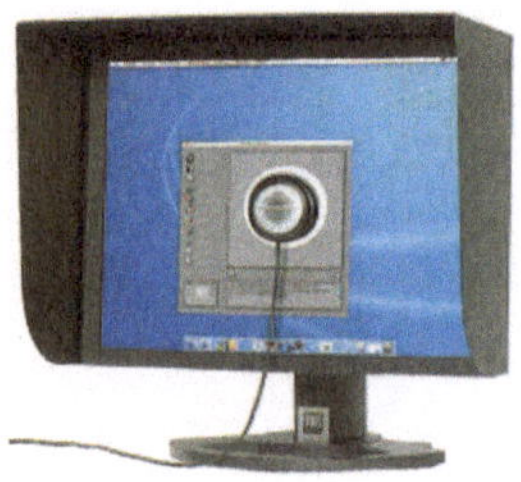

High-End-TFT
Foto: Quatographic

Bei allen Vorzügen hat dieser Monitortyp allerdings einen Nachteil: Farbverbindlichkeit ist oft noch nicht in der Güte gegeben wie bei guten CRT-Modellen. Doch auch das ändert sich: neuere TFTs sind sehr gut für die Bildbearbeitung geeignet. Quatographic etwa reklamiert für seine High-End-Monitore auf TFT-Basis schon insgesamt bessere Eigenschaften auch hinsichtlich der Farbverbindlichkeit als für Röhrenmonitore.

Spieler sollten beachten, dass TFT-Monitore prinzipiell längere Schaltzeiten aufweisen als CRTs. Das heißt, für den Bildaufbau benötigt ein TFT unter Umständen deutlich länger als ein CRT und das kann bei schnellen Spielen dazu führen, dass sie unspielbar werden, weil das Bild ständig verwischt oder nachläuft.

Für den normalen Gebrauch sollte die Schaltzeit bei 30 ms oder weniger liegen, sonst können bei bewegten Bildern Bildschlieren auftreten. Und für Spieler werden mittlerweile auch TFTs mit ausreichend schnellen Schaltzeiten von unter 20 ms angeboten – hier ist ein Blick in die technischen Daten hilfreich.

1.3.3 Monitorgröße

Die Bildschirmgröße eines Monitors wird traditionell in Zoll (1 Zoll = 2,54 cm) angegeben. Dieser Wert ist allerdings nur ein Anhaltspunkt, bestimmend sind der tatsächlich genutzte Bildschirmbereich und die Auflösung.

Monitore mit 17 Zoll Bildschirmdiagonale beispielsweise haben typischerweise 768 Zeilen, wobei in jeder Zeile jeweils 1024 einzelne Punkte angesteuert werden können. Diese Monitore bieten also eine Matrix respektive ein Raster von 1024 x 768 Bildpunkten. Mehrfrequenz-Monitore lassen sich auf verschiedene Raster umschalten.

Displays
unterschiedlicher Größe
Foto: Apple

Unter ergonomischen Gesichtspunkten sollte der „Trauerrand" – der schwarze Rand um das Bild – möglichst gering sein, da die Augen sonst durch den extremen Kontrastwechsel an den Bildrändern stark belastet werden.

Auch dies ein Argument für TFT-Monitore, die prinzipbedingt nur sehr schmale schwarze Ränder aufweisen. Ein LC-Display ist deshalb immer größer einzustufen als ein CRT-Monitor gleicher Nenngröße: Ein 15-Zoll-TFT etwa bietet ungefähr dieselbe Bildschirmfläche wie ein herkömmlicher 17-Zoll-Monitor (weil der „Trauerrand" fehlt).

1.3.4 Auflösung

Die Auflösung hängt eng mit der Bildschirmgröße zusammen. Beim ersten Macintosh wurde sie einst aus gutem Grund auf 72 dpi (dots per inch = Punkte pro Zoll) festgesetzt, denn der typographische Einheitspunkt entspricht genau 1/72 Zoll. Wählt man nun in einem Layout oder Illustrationsprogramm eine hundertprozentige Darstellung, so ist eine maßstabsgetreue Übereinstimmung zwischen Monitordarstellung und Papierausdruck gewährleistet.

Heutige Monitore allerdings haben meist eine Auflösung um 82 dpi. Die bessere Detailgenauigkeit wird also mit einer leichten Abweichung von der maßstabsgetreuen Abbildung erkauft.

Die Auflösung Ihres Monitors können Sie leicht selbst ermitteln, indem Sie die Bildschirmbreite messen und durch die Anzahl der vorhandenen Pixel teilen. Dazu messen Sie natürlich die dargestellte Bildfläche und nicht etwa den gesamten Computerschirm aus.

Bei Röhrenmonitoren bestimmt der Lochabstand die aus technischer Sicht maximal mögliche Auflösung des Monitors. Er liegt typischerweise zwischen 0,23 mm und 0,28 mm.

Statt einer Lochmaske verwendet Sony eine Trinitronröhre, bei der eine Schlitzmaske aus Filigranfäden eingesetzt wird, die vertikal vor der Leuchtschicht aufgespannt ist.

Die Loch- respektive Schlitzmaske wird durch den Dauerbeschuss mit Elektronen stark beansprucht. Das führt im Laufe der Zeit zu einer Verschlechterung der Bildqualität. Daher liegt die Lebenserwartung von Farbmonitoren bei Dauereinsatz bei nur rund vier Jahren.

Während sich Mehrfrequenz-Monitore ohne Qualitätsverlust auf verschiedene Auflösungen umschalten lassen, ist die Auflösung bei Flachbildschirmen fest verdrahtet: TFT-Displays haben immer eine fixe Auflösung; im Fall von 1024 x 768 Pixeln etwa existiert für jeden Bildpunkt ein Transistor (es gibt mithin 1024 x 768 = 768.432), der sich um die Farbdarstellung kümmert.

Bei neueren Displays respektive Grafikkarten kann die Auflösung auch herabgesetzt werden: Beispielsweise von 1024 x 768 Pixeln auf 800 x 600 und 640 x 480 Pixel.

Das geht aber nur, indem entweder die jetzt überflüssigen Pixel einfach abgeschaltet werden und das Bild tatsächlich kleiner mit effektiv nur beispielsweise 640 x 480 Pixeln dargestellt wird (preiswertere Lösungen bevorzugen das).

Im anderen Fall wird das kleinere Bild in die höhere Auflösung umgerechnet; Transistoren und Bildpunkte fallen in dem Fall aber nicht mehr exakt zusammen: Die Darstellung erscheint pixeliger und unschärfer.

1.3.5 Bilddarstellung

Je höher die Bandbreite ist, desto flimmerfreier erscheint uns das Bild. Sie ist das Produkt aus der Horizontalfrequenz (Zeilenfrequenz) und der Anzahl der Bildpunkte pro Zeile. Der Fernseher erreicht lediglich 5 MHz (360 Spalten und 15,625 kHz), moderne ergonomische Großmonitore erzielen dem gegenüber Bandbreiten um die 100 MHz.

Schenken Sie dem Monitorkabel ein Augenmerk, kann doch ein normales Monitorkabel aufgrund des relativ hohen Wellenwiderstandes bei Bandbreiten größer 60 MHz die Bildqualität sichtlich verschlechtern. 

Die Bildwechselfrequenz gibt an, wie viele Bilder sich pro Sekunde darstellen lassen. Bei 24 oder mehr Einzelbildern pro Sekunde (24 Hz) kann das menschliche Auge eine Bildfolge nicht mehr in Einzelbilder auflösen. Deshalb ist es uns möglich, einen Film, der ja letztlich aus Einzelbildern besteht, als ein bewegtes Ereignis zu erleben.

Das Fernsehen hat eine Bildwiederholfrequenz von 25 Hz, das heißt, der Fernseher stellt 50 Halbbilder pro Sekunde (effektive Vertikalfrequenz = 25 Hz) dar. Schauen Sie sich einmal Textseiten auf Ihrem Fernseher an, so werden Sie feststellen, dass diese doch recht stark flimmern. (Jetzt wissen Sie auch, woher der Begriff „Flimmerkiste" kommt.)

Computermonitore arbeiten mit höheren Werten: Bildwiederholfrequenzen ab 70 Hz erscheinen uns flimmerfrei und sind ergonomisch unbedenklich.

Bei Flachbildschirmen ist die Bildwiederholrate nicht so wichtig: Jedes Pixel wird direkt angesprochen und muss deshalb nicht ständig „aufgefrischt" werden wie beim Röhrenmonitor. Das Bild eines mit 60 Hz angesteuerten LC-Displays ist genauso flimmerfrei wie jenes mit einer Refreshrate von 85 Hz. 

1.3.6 Defekte Pixel

Beim TFT-Display haben die Fabrikanten immer noch mit relativ hohem Fabrikationsausschuss zu kämpfen. Vor wenigen Jahren noch musste mit Ausfallraten von über 50% gerechnet werden. Das machte die Displays unter anderem so teuer.

Auch wenn die Totalausfälle heute deutlich niedriger anzusetzen sind, sind TFTs nur selten völlig fehlerfrei und es kann immer wieder passieren, dass das eine oder andere Bildpixel permanent ein- oder ausgeschaltet bleibt.

Intern hat jeder Hersteller seine Prüfnorm, in der festgelegt ist, wie viele schadhafte Pixel noch sein dürfen. Diese Spezifikation wird aber nicht an die Öffentlichkeit gegeben, gibt doch kein Hersteller gerne zu, dass er da nicht völlig fehlerfreie Ware ausliefert.

Nach der ISO-Norm 13406/2 werden die Displays werden in vier Qualitätsstufen und drei Typen unterteilt. Danach ist für CAD-Anwendungen Klasse 1 mit 0 Fehlern verlangt, Lowcost-Modelle der Klasse 4 dürfen bis zu 50 Pixelfehler aufweisen. Hersteller, die eine bestimmte Klasse angeben, garantieren damit auch die maximale Anzahl Fehlerpixel: In Klasse 2 etwa dürfen das in unterschiedlichen Ausformungen (ständig leuchtend, nie leuchtend, in einer Farbe nicht leuchtend) nicht mehr als zwei Pixel sein.

Nach Möglichkeit sollten Sie das Display vor dem Kauf begutachten – und zwar exakt jenes Exemplar, das Sie kaufen werden. Wenn es in Ordnung ist, wird es das auch bleiben.

Andernfalls hilft vielleicht die Reklamation: Bemängeln Sie auch einzelne defektes Pixel beim Service und lassen Sie sich nicht abwimmeln. Bei mehr als zwei defekten Pixeln sollte eine Markenfirma wie IBM oder Apple das Display auf jeden Fall austauschen.

Stellen Sie auf Ihrem Display einen oder mehrere defekte Pixel fest, dann können Sie folgendes versuchen, um sie wiederzubeleben:

- Reiben Sie sanft, aber doch mit etwas Druck, mit der Fingerkuppe über das defekte Pixel.
- Kleben Sie ein Stück Tesafilm über die fragliche Stelle und heben Sie es vorsichtig wieder ab.

Es ist uns, besonders mit der „Massagetechnik", bereits mehrmals gelungen, tote respektive ständig in einer Farbe leuchtende Pixel wiederzubeleben.

1.4 Ergonomie

An einem bequemen und guten Arbeitsplatz können Sie länger ermüdungsfrei arbeiten und die Bildbearbeitung wird bessere Ergebnisse zeigen. Einerseits, weil das Gehirn länger aufnahmefähig bleibt, andererseits, weil die optimierte Umgebung Farbverfälschung und damit Farbfehler vermeidet. Und nicht zuletzt tut das Ihrer Gesundheit sehr gut.

Um die Wahrnehmung der Farben auf dem Monitor nicht durch wechselnde Licht- und Farbverhältnisse zu irritieren, sollte der Raum gedämpftes Licht und farbneutrale (weiße oder graue) Wände haben. Direkte Sonneneinstrahlung, farbige Wände, farbige Kleidung usw. können die Farbwahrnehmung deutlich beeinträchtigen.

Achten Sie darauf, dass das Helligkeitsverhältnis in Ihrem Arbeitsraum stimmt; die Umgebung soll nicht deutlich heller sein als der Monitor. Wenn sich hinter Ihrem Monitor ein Fenster befindet und durch dieses Fenster helles Licht dringt, werden Sie schneller müde, als in einer gleichmäßig ausgeleuchteten Ecke.

Wenn Sie in einem fast dunklen Raum arbeiten – was im Winter am späteren Nachmittag schnell einmal unbemerkt passieren kann – sollten Sie zusätzliche Lichtquellen einschalten oder zumindest die Helligkeit Ihres Monitors reduzieren.

Diffuse Hintergrundbeleuchtung ist ideal. Die erreichen Sie, indem Sie die Wand hinter dem Monitor anstrahlen.

Wenn Ihr Monitor ungünstig in Fensternähe steht: Holen Sie sich jetzt gleich ein genügend großes Stück Karton und befestigen Sie es seitlich mit Klebeband am Monitorgehäuse, um mit Hilfe dieser Sonnenblende Lichteinfall und Reflexe abzuschatten. 

Den Monitor stellen Sie so auf, dass sich der Bildschirm etwa in Augenhöhe oder besser sogar ein wenig tiefer befindet.

Sie können den Monitor auch versenkt in den Schreibtisch einbauen, schräg zum Benutzer zeigend. Der liest dann darauf wie auf einem Blatt Papier, das zum Lesen ja auch schräg und nicht senkrecht gehalten wird.

Wichtig sind zudem eine feste und ausreichend große Unterlage für Tastatur und Maus und ein guter (höhenverstellbarer) Stuhl, so dass die Unterarme etwa waagrecht über der Tastatur zu liegen kommen. In einer Illustration von Apple sieht das dann so aus:

Grafik: Apple

Um Ihren Augen etwas Entspannung zu gönnen, sollten Sie sich in regelmäßigen Abständen einen Blick aus dem Fenster gönnen und verschieden weit entfernte Objekte betrachten. Ihre Augen werden es Ihnen danken, da die sture Fokussierung auf die immer gleich bleibende Distanz zum Monitor mit der Zeit sehr anstrengend werden kann. So wird Ihre Konzentration anschließend um einiges steigen.

1.5 Bildtransfer

Der Bildtransfer zum Computer ist ein wichtiger Schritt im digitalen Arbeitsablauf, denn erst, wenn die Daten vom Speichermedium in den Computer transferiert wurden, sind sie wirklich verfügbar:

- Die Speicherkarte kann gelöscht und wieder benutzt werden.
- Die Fotos können komfortabel betrachtet, bearbeitet und katalogisiert und archiviert werden.

Um die Speicherkarte auszulesen, die Fotos also auf den Computer zu überspielen, existieren zwei gangbare Wege: Die Kamera wird direkt an den Computer angeschlossen oder aber die Karte kommt in ein Lesegerät, das am Computer angeschlossen ist.

1.5.1 Schnittstellen

Kameras wie auch Lesegeräte sind mit einer Schnittstelle zur Computeranbindung ausgerüstet und werden mit dem passenden Anschlusskabel ausgeliefert. Im Wesentlichen wurden respektive werden folgende Schnittstellen verwendet:

- Seriell (RS-232): veraltet und langsam (maximal 230 Kilobit/s).
- SCSI: ist (als Kameraanschluss) veraltet, aber schnell (SCSI-2 = 160 Megabit/s; SCSI-3 = 1600 Megabit/s).
- USB: ist aktuell und flott bis sehr schnell (USB 1 = 11 Megabit/s; USB 2 = 480 Megabit/s).
- FireWire: ist aktuell und sehr schnell (FireWire 400 = 400 Megabit/s; FireWire 800 = 800 Megabit/s).
- Eine Sonderform ist der PC-Card-Slot, in den entsprechende Adapter für diverse Speicherkarte passen. Mit 1000 Megabit/s gehört er zu den schnellen Anschlüssen .

In obiger Auflistung sind die Bruttotransferraten angegeben; das ist die theoretisch maximale erzielbare Geschwindigkeit. In der Praxis liegen die effektiven Transferraten für Daten – abhängig vom

Übertragungsprotokoll – um 20–50% unter diesem theoretischen Maximum.

Die Schnittstelle FireWire wurde speziell für Anwendungen entwickelt, bei denen große Datenmengen entstehen, die mit hoher Geschwindigkeit übertragen werden müssen (Multimedia und digitaler Videoschnitt zum Beispiel).

Sie wird auch als „serieller Hochleistungsbus IEEE 1394" bezeichnet, denn diese ursprünglich 1987 von Apple entwickelte Technologie ist mittlerweile zu einem offiziellen Industriestandard geworden – zu IEEE 1394.

Mit FireWire können Daten in Echtzeit übertragen werden (Datentransferrate bis zu 800 Megabit = 100 Megabyte pro Sekunde); es versteht sich auf Plug&Play („Anschließen und Benutzen"), das Austauschen von Geräten während des Betriebs („hot plugging") und es existieren Erweiterungsoptionen für noch höhere Übertragungsraten.

FireWire-Schnittstellen lösen in hochwertigen digitalen Kameras die früher übliche SCSI-Schnittstelle zunehmend ab.

Die USB-Schnittstelle (Universal Serial Bus) ist eine Entwicklung von Intel und gewissermaßen der kleinere Bruder von FireWire: Die Datenkommunikation ist bei USB 1 mit maximal 12 Megabit pro Sekunde langsamer, aber immer noch recht flott. USB hat bei den neueren Digitalkameras der Consumerklasse die serielle Schnittstelle (die fünf- bis zehnmal langsamer ist) abgelöst.

USB 2 entspricht mit 480 Megabit/s in etwa FireWire 400, wobei FireWire 400 in der Praxis trotz nominell geringerer Datentransferrate etwas flotter zu Werke geht als USB 2. Doch die Unterschiede sind marginal; FireWire 400 und USB 2 können als gleichwertig angesehen werden; wobei sich USB 2 auf breiterer Front durchsetzen konnte.

Ebenso wie FireWire versteht sich auch USB auf Plug&Play und Geräte dürfen während des Betriebs an- und abgestöpselt werden.

1.5.2 Kameraanschluss

Die meisten digitalen Kameras lassen sich gleichermaßen an Macintosh- wie an Windows-PCs anschließen; zu achten ist hier lediglich auf das passende Anschlusskabel und die richtige Treibersoftware. Wobei die Treibersoftware für Standardschnittstellen wie USB und FireWire schon vom Betriebssystem bereitgestellt werden.

Als Standardschnittstelle werden heute USB oder FireWire eingesetzt, die serielle und SCSI-Schnittstelle finden sich nur noch bei älteren Digitalkameras.

*Per Kabel gelangen die
Fotos in den Rechner.
Foto: Apple*

Wichtig ist die (hohe) Geschwindigkeit des Datentransfers in all
den Fällen, in denen oft Bilder direkt zwischen Kamera und Rechner übertragen werden sollen. Wird über das langsamere USB 1 angeschlossen oder über das schnellere USB 2 respektive FireWire?

Wenn im Monat nur ein paar Bilder eingelesen werden sollen,
spielt das nicht die große Rolle. Wohl aber, wenn täglich Aufnahmen übertragen und bearbeitet werden sollen.

Der Kamera beigelegt findet sich immer auch eine Tranfersoft-
ware, mit der sich die Bilder aus der Kamera in den Computer überspielen lassen. Dabei werden die Bilder zunächst nur angezeigt und
es kann jeweils individuell entschieden werden, ob das Bild des
Speicherns lohnt.

Komfortablere Software gestattet es, das Bild vor dem Abspeichern noch hinsichtlich Schärfe, Farbe und dergleichen mehr zu
optimieren. Diese Bildbearbeitungsfunktionen können oft auch
nachträglich auf die Fotos auf der Festplatte angewandt werden.

Oft ist das aber nicht die beste denkbare Lösung; sie funktioniert
zwar, doch höheren Ansprüchen kann sie nicht standhalten. Das
Einlesen und Bearbeiten der Fotos dauert (zu) lange, die Funktionen bleiben rudimentär.

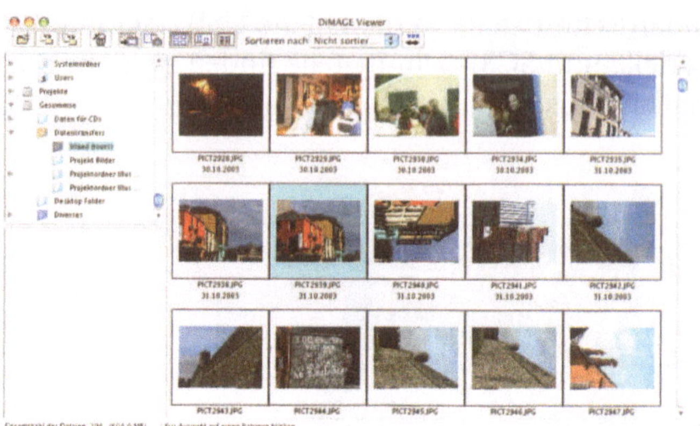

Transfersoftware

In Sonderfällen können die Transferprogramme dennoch interessant sein. So schreibt jeder Hersteller besondere Informationen in die Exif-Informationen, die von allgemeinen Programmen nicht immer alle verstanden respektive angezeigt werden. Das Transferprogramm kann diese Informationen genauer anzeigen.

Auch die Betriebssysteme Windows XP und Mac OS X haben schon die notwendigen Routinen integriert, eine Vielzahl digitaler Kameras zu erkennen und deren Bilddaten einzulesen. Ein elegantes Beispiel ist die Lösung iPhoto von Apple, die Bilder einlesen, archivieren und bearbeiten kann:

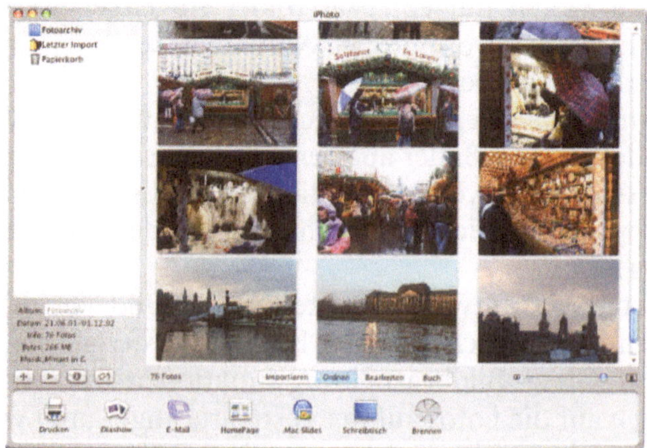

iPhoto

Treten Probleme bei der Datenübertragung auf, dann versuchen Sie Folgendes:

- Muss die Kamera auf einen „Transfermodus" eingestellt werden?
- Schließen Sie die Kamera direkt am Rechner (und nicht über einen USB-Hub oder ein anderes FireWire-Gerät) an.
- Kamera anschließen, dann einschalten.
- Kamera einschalten, dann anschließen.

Die Kamera erscheint dann (hoffentlich) wie ein zusätzliches Laufwerk, wobei einzelne oder alle Fotos kopiert, bewegt und gelöscht werden können.

Grundsätzlich sollte der erste Überspielvorgang der Archivierung gelten: Die unveränderten Originaldaten werden auf ein Backupmedium wie CD-R oder DVD-R gesichert. Das entspricht der früheren Negativarchivierung und bewahrt die Originalaufnahme unverändert für lange Zeit.

1.5.3 Lesegerät

Unter Umständen schneller und meist sehr viel bequemer erfolgt der Datentransfer mit einem Lesegerät für Speicherkarten, das direkt und schnell am Computer ausgelesen werden kann. Dabei wird dann auch die Energieversorgung der Kamera entlastet.

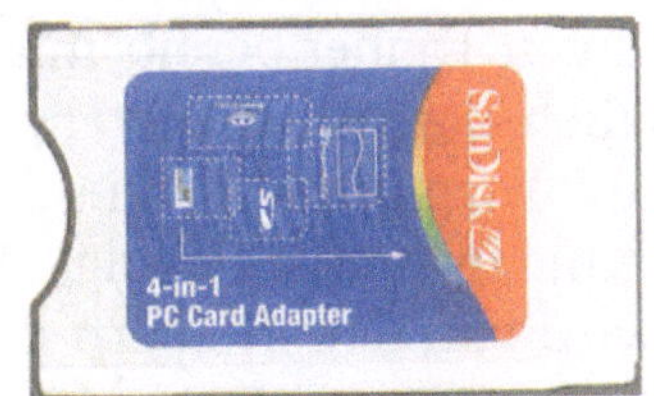

PC-Card-Adapter
Foto: SanDisk

Prinzipiell haben Sie folgende Möglichkeiten, um Speicherkarten direkt mit dem Computer einzulesen:

- Mit einem PC-Card-Adapter für SmartMedia, Compact Flash oder Memory Stick usw. wird das jeweilige Medium in den PC-Card-Slot eingeschoben und gleichfalls wie ein Laufwerk erkannt. Ideal für Laptops.
- Lesegeräte für die USB- oder FireWire-Schnittstelle. Es gibt Lesegeräte für einen bestimmten Kartentyp, aber auch Kombigeräte, die mehrere Typen Speicherkarten lesen können.

Diskettenadapter
Foto: Sony

- Diskettenadapter (verlieren zunehmend an Bedeutung): Die Speicherkarte wird in eine Pseudo-Diskette eingeschoben und im 3,5-Zoll-Diskettenlaufwerk des Computers ausgelesen.

Lesegeräte waren früher noch ein Thema dergestalt, als sie nur bestimmte einzelne Kartentypen lesen konnten und man darauf achten musste, dass sie die eigene Karte lesen konnten und dass es für das Lesegerät auch einen passenden Treiber für das verwendete Betriebssystem gab.

Lesegerät für acht Typen
von Speicherkarten
Foto: Cullmann

Mittlerweile aber gibt es für etwa 30 Euro Lesegeräte, die alle gängigen Speicherkarten lesen können (6-in-1 oder 8-in-1) und die meist an USB angeschlossen werden. Für den Standardanschluss USB bringen alle modernen Betriebssysteme wie Windows XP oder Mac OS X die notwendigen Treiber bereits mit.

Beim Kauf ist lediglich darauf zu achten, dass in der Beschreibung zum Lesegerät eine Formulierung wie „keine Treiberinstallation notwendig" auftaucht. In dem Fall folgt das Lesegerät Schnittstellenstandards und wird von den Treibern des Betriebssystems erkannt.

Das ist die beste und zukunftssicherste Lösung, weil man hinsichtlich der Treiber nicht auf den Hersteller des Lesegeräts vertrauen muss, sondern sich auf den Anbieter des Betriebssystems verlassen kann.

Kombigeräte, die alle Speichermedien einlesen können, sind kaum teurer als die Spezialisten, und wenn Sie später einmal die Kamera respektive das Speichermedium wechseln, lässt sich das Lesegerät weiter verwenden.

1.6 Programme zur Bildbearbeitung

Bildbearbeitungsprogramme wie das nahezu konkurrenzlose Photoshop (= Fotoladen) ermöglichen Bildmanipulationen, wie sie früher vor allem in der Dunkelkammer stattfanden, dort allerdings viel aufwendiger zu realisieren waren: Maskierungen, Farbverfremdungen, Tontrennungen, Fotomontagen und andere Bildmanipulationen sind nur einen Mausklick weit entfernt.

Prinzipiell stehen alle Möglichkeiten der konventionellen Dunkelkammer offen, dazu aber auch völlig neue Techniken, die nur von den Fähigkeiten der Software und den vielen zusätzlich erhältlichen Plug-Ins begrenzt werden.

Spielerei in der
„Dunkelkammer"

Tatsächlich kann man da kaum mehr von „Begrenzung" sprechen, sondern muss eher von unbegrenzten Möglichkeiten ausgehen. So lassen sich Aufnahmeeffekte bis hin zu Aufnahmefehlern (Fisheye, Blendenreflexe, …) ebenso nachbilden wie Filtereffekte (Weichzeichner, Warmton, …).

Weitere Möglichkeiten liegen zum Beispiel in kontrollierten geometrischen Verformungen und Verzerrungen, die so in der Dunkelkammer kaum möglich sind. Auch das Übereinanderkopieren von Bildern, wobei sich der Grad der Transparenz genau bestimmen lässt, ist kein Problem.

Neben den Retuschewerkzeugen finden sich oft auch aus der klassischen Malerei bekannte Werkzeuge wie Pinsel, Pastellkreide und Zeichenstift. So wird es möglich, Strukturen wie „Ölmalerei", „Aquarellpapier" usw. über bereits vorhandene Fotos zu legen.

1.6.1 Preiswerte Bildbearbeitungsprogramme

Für eine gute Bildbearbeitung muss es beileibe nicht immer Photoshop sein. Dieser Quasi-Standard für Macintosh- und Windows-Rechner hat in der professionellen respektive anspruchsvollen digitalen Bildbearbeitung ganz sicher seine Berechtigung. Daneben gibt es aber auch viele Freeware- und Shareware-Programme für Macintosh, Linux und Windows, die eine erstaunliche Leistung bieten und – eventuell in Kombination mehrerer Programme – nahezu dasselbe zu leisten vermögen wie Photoshop.

Zudem findet sich im Lieferumfang jeder digitalen Kamera auch mindestens ein einfaches Bildbearbeitungsprogramm und wenn Sie Glück haben, liegt der Kamera Photoshop LE oder Photoshop Elements bei; diese „Limited Edition" ist nicht ganz so leistungsfähig wie die große Ausführung, beherrscht aber alle wichtigen Schritte der Bildbearbeitung. Das Programm kann auch für rund 100 Euro separat erworben werden.

Bevor Sie allerdings Geld für Photoshop (Elements) ausgeben, sollten Sie sich einmal PhotoLine (www.pl32.de) ansehen: Das Shareware-Programm für 59 Euro können Sie vor dem Kauf ausprobieren, es ist ähnlich leistungsfähig wie Photoshop (mit ein wenig anderen Schwerpunkten) und in Versionen für Windows und Mac OS erhältlich.

Selbst die Office-Pakete berücksichtigen zunehmend auch die digitale Aufnahme. So findet sich beispielsweise in Microsoft Office ein für die Zwecke „digitales Dokument" recht brauchbares Bildbearbeitungsmodul, mit dem sich sogar rote Augen retuschieren lassen.

PhotoLine

Nicht zu vergessen natürlich Gimp – gewissermaßen der Standard außerhalb der Photoshop-Welt. Neben der gewöhnungsbedürftigen Bedienung hat das Programm nur einen Makel: Es kann immer noch keine CMYK-Daten bearbeiten. Für die Druckvorstufe ist es deshalb völlig ungeeignet. In allen anderen Fällen aber ist es ein ganz hervorragendes und dazu kostenloses Bildbearbeitungsprogramm.

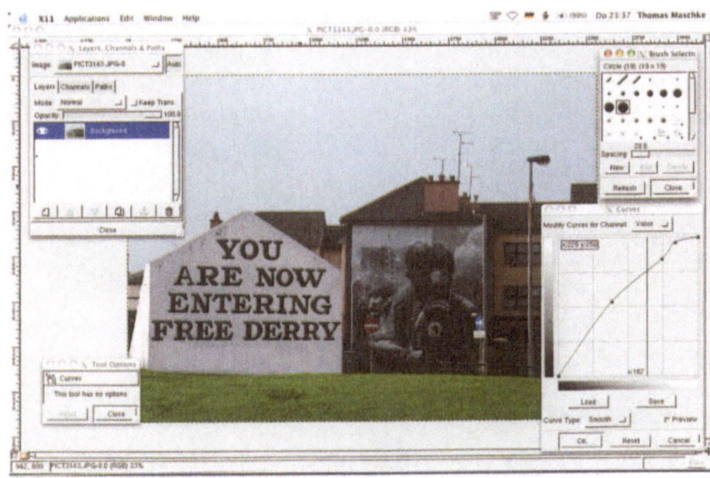

Gimp: GNU Image Manipulation Program

Neben all diesen „ausgewachsenen" Bildbearbeitungsprogrammen gibt es noch eine ganze Reihe Hilfsprogramme, ohne die der digitale Laborant kaum auskommt. So ein Programm übernimmt viele nützliche Routineaufgaben, für die die „Großen" nicht zuständig sind:

- Liest so ziemlich jedes Bilddatenformat, das es gibt und je gab.
- Kann Bilddaten in viele Formate konvertieren.
- Erlaubt „Batch-Processing", d.h. ganze Fotoordner können in einem Rutsch konvertiert werden.
- Kann dabei wahlweise gleich beschneiden, skalieren, Graustufenwandlung vornehmen, …
- Bilder eines Ordners können auf einmal umbenannt werden; Name und weitere Attribute (Datum, Zeit der Erstellung) lassen sich vorgeben.
- Bietet (einfache) Bildbearbeitungsfunktionen.
- Beinhaltet Funktionen wie Browser und Diaschau, womit sich alle Bilder eines Ordners insgesamt respektive nacheinander anzeigen und bequem auswählen sowie sortieren lassen.

Für den Macintosh ist solch ein nahezu unverzichtbares Programm der GraphicConverter (www.lemkesoft.com; Shareware, ca. 25 Euro), gewissermaßen die eierlegende Wollmilchsau der digitalen Bildbearbeitung.

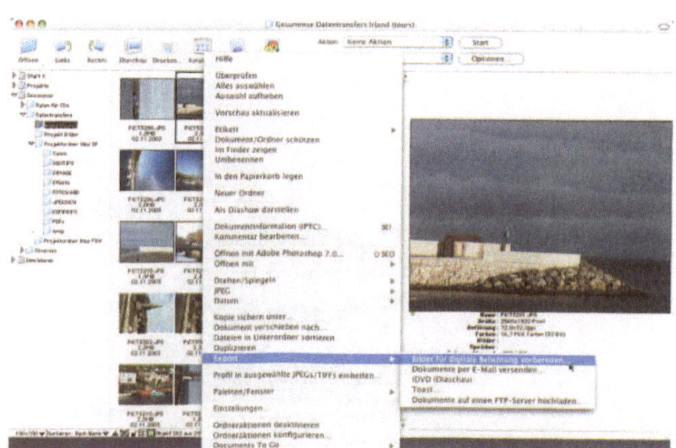

GraphicConverter

Wer viel mit Bilddateien zu tun hat, findet hierin das passende Hilfsmittel, das alle wichtigen Bildformate erkennt, darstellt und konvertiert. Das ist nicht nur plattformübergreifend von Nutzen, sondern hilft auch, der Vielzahl an Bildformaten Herr zu werden.

Für die Bildkonvertierung unter Windows ist das kostenlose XnView sehr zu empfehlen, das über 200 Bildformate erkennt und konvertiert.

XnView

Die (oft) kostenlose Software wird also immer leistungsfähiger und brauchbarer. Farb- und Dichtekorrekturen gehören zu den Standardwerkzeugen und so manches Programm versteht sich auch auf ICC-Profile oder die Vierfarbseparation. Üblicherweise werden auch Photoshop-Plug-Ins unterstützt. Die Chancen stehen hervorragend, dass Sie für relativ wenig Geld oder gar umsonst eine wirklich brauchbare Bildbearbeitung bekommen.

Daneben hält das Internet noch eine Unzahl weiterer meist auch kostenloser Hilfsprogramme bereit, die zum Beispiel bei der Erstellung von Panoramen, beim Morphen oder bei der Verfremdung hilfreich sein können.

Auf der Suche nach guten und preiswerten Bildbearbeitungsprogrammen empfiehlt sich für Macintosh- wie Windows-Anwender der Besuch folgender Webseiten:

Gimp – http://www.gimp.org/; http://www.gimp.de/
GraphicConverter – http://www.lemkesoft.com/
iPhoto – http://www.apple.com/de/software/
Irfan View – http://www.irfanview.com/
Paint Shop Pro – http://www.jasc.com/
PhotoLine – http://www.pl32.de/
XnView – http://www.xnview.com/
Free- und Shareware – http://www.versiontracker.com/

1.6.2 Photoshop

Für anspruchsvolle und professionelle Anwender wird es letztlich wohl keine andere Wahl geben als Photoshop. Diese Bildbearbeitungssoftware setzt einfach den Standard.

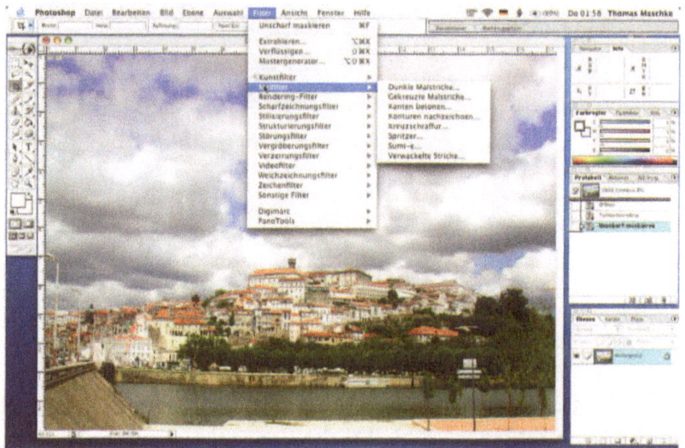

Photoshop

Photoshop kann die wichtigsten Bildformate öffnen; nicht selten gelangen digitale Fotografien auch direkt per Plug-In-Modul aus Kamera oder Scanner in das Programm. Dort stehen Sie dann zur weiteren Bearbeitung bereit.

Sind die Bilddaten eingelesen, so hält Photoshop die nötigen Werkzeuge bereit, das Bild bearbeiten bzw. retuschieren zu können. Beispielsweise kann es scharf gerechnet werden, die Konturen können verstärkt oder die Farben angepasst werden. Ebenso lässt sich das Bild in Helligkeit, in Farbsättigung, Farbbalance und Kontrast ändern. Daneben bietet Photoshop auch die aus einem Malprogramm bekannten Werkzeuge, um das Bild mehr oder weniger künstlerisch zu verändern.

Mit Hilfe der Maskiertechniken und der Übernahme von Bildteilen, die zu einem neuen Bild komponiert werden, ermöglicht die Bildbearbeitungssoftware auch das so genannte „Composing", mit dem es möglich wird, einzelne Bildelemente so miteinander zu kombinieren, dass ein völlig neues Bild entsteht.

Und schließlich kümmert sich Photoshop – ebenso wie vergleichbare andere Programme – um die Ausgabe der Bilddaten bis hin zur Vierfarbseparation.

1.7 Speichermedien

Welche Laufwerke und Medien zur Speicherung digitaler Bilddaten
in Frage kommen und welches Speichermedium hinsichtlich Kapazität, Datentransfer und Dauerhaftigkeit wie gut geeignet ist, lesen
Sie bitte im Kapitel *Archivieren und Katalogisieren* nach.

Kapitel 2

Farbe in Theorie und Praxis

2.1 Farbige Welt

Unsere Welt, eine Landschaft, oder was immer uns real umgibt, besitzt eine schier unglaubliche Vielfalt an Tönen und Farben. Leuchtende, grelle Farben, fluoreszierende Stoffe auf der einen Seite, auf der anderen zum Beispiel Schnee und Eis mit vielen Weißtönen – der Eskimo kennt deren mehr als 40.

Ein Abbild der Natur als Faksimile wirkt auf Anhieb vermessen und auch die digitalen Medien lassen davon nur träumen. Doch der Mensch besitzt die wunderbare Fähigkeit der Abstraktion, die das Wesentliche einer Wiedergabe erhalten kann – das ist an Schwarzweißaufnahmen gut nachzuvollziehen. Auch das Farbbild, mit nur vermeintlich korrekter Farbigkeit, ist ein Beispiel dafür, dass die Gesamtfarbigkeit meist entscheidender ist als die exakte Wiedergabe einer einzelnen Farbe.

Unsere Erinnerung ist trügerisch. Ausgenommen, wir haben den direkten Vergleich oder es handelt sich um eine Herzensfarbe, die des Lieblingspullovers zum Beispiel. Und hier lässt sich die Sache für die bildmäßige Fotografie auf den Punkt bringen: Es gilt, die Wirkung einer Farbe zu erzielen und dies, mag es zunächst noch so unglaublich klingen, kann auch mit einem Schwarzweißbild (Graustufen) gelingen.

Lassen Sie uns in unserer Arbeit versuchen, das Wesen in der Wiedergabe zu treffen: Die Kühle im Gelb einer Zitrone, das leuchtende Orange einer Orange, das glasige Blau eines mit Wasser gefüllten Schwimmbeckens…

Verlassen wir uns auf unser Gefühl beim Betrachten und die damit einher gehende Assoziation von kühl bis warm, von glänzend bis matt, von hell oder dunkel. Mit dem Wissen um die Fehlbarkeit, auch der digitalen Medien, lässt sich meist gut leben. Gibt es doch Mittel und Wege, den eingeschränkten Farbraum und Tonwert eines digitalen Aufnahmesystems bis hin zum Druck einer Aufnahme zu manipulieren und zu kalibrieren.

2.2 Die Farbwahrnehmung des Menschen

Das Farbsehen beim Menschen funktioniert im Wesentlichen mit zwei Typen von Sehzellen im Auge. Da sind einmal die Stäbchen, die nur Helligkeitsunterschiede wahrnehmen können. Zum Zweiten gibt es drei verschiedene Zäpfchentypen, die für die drei Spektralbereiche um 450 nm, 540 nm und 640 nm empfindlich sind.

Sie sammeln die auftreffenden Lichtquanten des entsprechenden Wellenbereichs und leiten sie zum Gehirn weiter. Dort entsteht dann der Farbeindruck Violettblau, Grün und Orangerot. Oder jede andere Farbnuance, wenn mehrere Zäpfchentypen in unterschiedlicher Intensität angeregt werden.

Die Zäpfchen sind demnach für die drei Urfarben V, G und O empfindlich. Und je nachdem, wie diese nun von den Wellen des Lichts angeregt werden, entsteht der Eindruck folgender acht Grundfarben:

Schwarz	– – – (kein Zäpfchen wird angeregt)
Yellow	G+O
Magenta	V+O
Cyan	V+G
Violettblau	V
Grün	G
Orangerot	O
Weiß	V+G+O

Die Farbbezeichnungen Violettblau, Grün und Orangerot sind hier aus Küppers Grundgesetz der Farbenlehre (dumont; Köln 1978) übernommen, der richtigerweise den genaueren Ausdruck „Violettblau" statt des nicht eindeutigen „Blau" verwendet und auch mit „Orangerot" treffender formuliert. Anzumerken ist, dass dies ein idealisiertes Modell ist, in dem vorausgesetzt wird, dass die Licht- bzw. Urfarben jeweils mit gleicher Intensität vorliegen.

Farbschattierungen ergeben sich dann, wenn die Zäpfchen unterschiedlich stark angeregt werden. So sehen Sie einen Gelbton, wenn neben dem grünempfindlichen Zäpfchen auch jenes für Orangerot leicht angeregt wird.

In der Realität werden nur ganz selten lediglich ein oder zwei Zäpfchen angeregt; normalerweise entsteht die Farbempfindung durch die unterschiedliche Intensität aller drei Zäpfchen.

Durch die Anregung aller drei Zäpfchen und dem damit einhergehenden komplementären Anteil einer dritten Farbe sehen wir keineswegs Schwarz oder Grau, sondern das ermöglicht es uns, die Vielfalt der Farben, ihre Modulation, ihre Reinheit oder Mischung wahrzunehmen – das heißt, unendlich viele Farbtöne zu differenzieren.

Farbempfindungen sind immer eine sehr subjektive Angelegenheit. Sie sind unsere ureigenste, persönliche Art, elektromagnetische Energiewellen mit einer bestimmten Wellenlänge (im Bereich zwischen ca. 400–700 nm = 0,0004–0,0007 mm) zu interpretieren und wahrzunehmen.

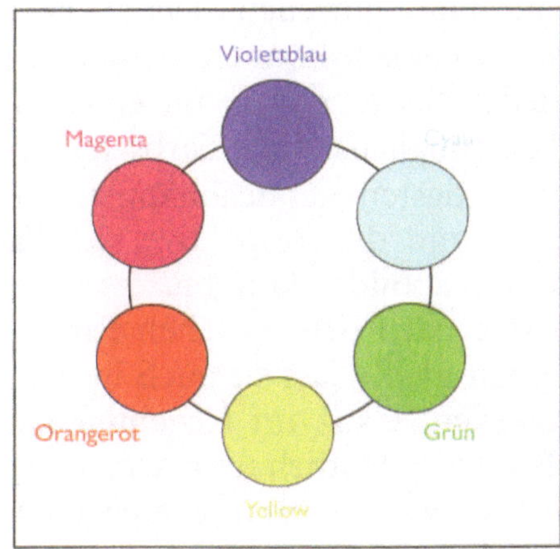

Farbkreis

Gleich nebenan schon, die Wellenlänge ändert sich um weniger als 1/1000 mm, beginnt schon der infrarote Bereich. Und nur geringfügig kürzere Wellenlängen als blaues Licht (400 nm) sind bereits ultraviolett. Radiowellen unterscheiden sich in nichts anderem als ihrer Wellenlänge von „Licht", genau wie Röntgenstrahlen.

Das Farbsehen hilft uns dabei, uns in der Welt zurechtzufinden. Wir extrahieren dazu ein winziges Spektrum der Energiewellen und haben Sinnesorgane entwickelt, die uns diese Reize, die wir „Licht" genannt haben, in Farben übersetzen.

2.3 Farbmodelle

Noch gibt es kein technisches System, das ähnlich leistungsfähig wäre wie das menschliche Auge. Ein Drucker beispielsweise kann nicht dieselben Farben darstellen wie ein Monitor – die Farbräume, das meint Farbanzahl und Farbnuancierungen, unterscheiden sich. Und jedes dieser Geräte kann den Farbraum des menschlichen Auges nur in Ausschnitten erfassen respektive darstellen.

Zur Farbdarstellung nutzen unterschiedliche Geräte unterschiedliche Technologien. Eine digitale Kamera etwa bedient sich eines CCD-Elements und verschiedener Farbfilter, um Farben zu erkennen, der Monitor stellt Farben durch aufleuchtende Phosphorpünktchen dar; ein Drucker wiederum benutzt Tinte oder andere Druckfarbstoffe.

Damit die Geräte eine zufrieden stellend große Anzahl unterschiedlicher Farben darstellen können, bedienen sie sich eines geeigneten Farbmodells: Ziel ist dabei, mit einer möglichst geringen Anzahl Grundfarben möglichst viele Farbschattierungen darstellen zu können. Die wichtigsten geräteabhängigen Farbmodelle sind RGB und CMYK, die mit drei respektive vier Farben einen doch recht großen Farbraum abbilden können.

Selbst wenn Geräte nach dem gleichen Farbmodell funktionieren, bedeutet das noch nicht, dass sie auch in der Lage sind, dieselben Farben darzustellen. Ganz im Gegenteil kann sich der Farbraum zweier RGB-Geräte deutlich unterscheiden.

Aus diesem Grund werden für die einzelnen Geräte spezielle ICC-Profile erstellt, die den tatsächlich erfassbaren Farbraum beschreiben. Dieser tatsächlich darstellbare Farbraum wird als „Gamut" bezeichnet. Mit Hilfe des Farbmanagements wird dann eine möglichst hohe Angleichung unterschiedlicher Farbräume angestrebt – siehe Abschnitt *2.5 Farbmanagement* weiter hinten.

Nachfolgend werden die drei Farbmodelle beschrieben, die die größte Bedeutung für die Bildverarbeitung haben: Lab, RGB, CMYK.

2.3.1 RGB-Farbmodell

Mit dem RGB-Farbmodell – auch als additive Farbmischung bekannt – arbeiten Scanner, digitale Kameras und Monitore – alles Geräte, die mit „Lichtstrahlen" funktionieren. Bereits in der Namensgebung klingt an, wie hier die Farbentstehung vor sich geht: Bei dieser Methode wird Licht bzw. Farbinformation hinzugefügt (addiert). Mit den drei Farben Blau, Rot und Grün alle anderen Farben erzeugt.

RGB-Farbmodell

    Stellen Sie sich dazu drei Diaprojektoren vor. Sind alle drei Projektoren ausgeschaltet, dann haben Sie die Farbe Schwarz. Wird jeweils nur einer angeschaltet, dann zeigen sich die drei additiven Grundfarben Blau, Rot und Grün. Werden zwei Farben gleichzeitig auf dieselbe Fläche projiziert, dann addieren sich Farbe und Helligkeit: Aus Blau und Rot wird Magenta, aus Blau und Grün ergibt sich Cyan und aus Grün und Rot entsteht Gelb. Alle drei Farben übereinander gelegt schließlich ergeben Weiß.

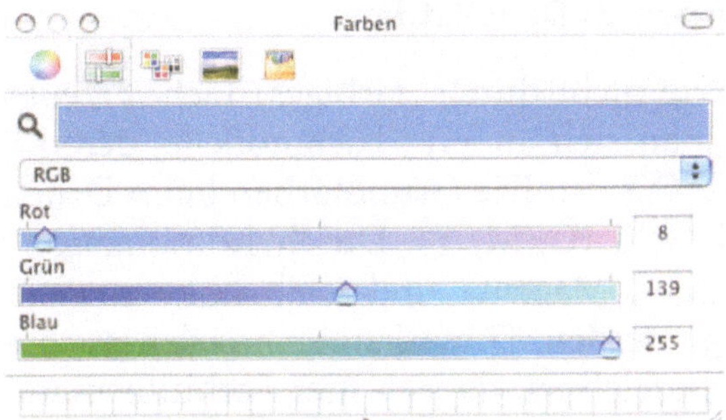

Das RGB-Farbmodell beschreibt Farben durch unterschiedliche Anteile von R, G und B.

    Mit drei Farben lassen sich also, allein durch Hinzufügen bzw. Weglassen, bereits acht Farben bilden: Schwarz, Blau, Rot, Grün,

Gelb, Magenta, Cyan und Weiß. Durch unterschiedliche Farb- bzw. Lichtintensität können dann weitere Zwischentöne gebildet werden.

Verschiedene Bildbearbeitungsprogramme wie Photoshop erlauben es nun, die Darstellungsweise des Bildes in unterschiedlichen Modi vorzunehmen: Die einfachste Möglichkeit ist die Darstellung im RGB-Modus, da der Monitor des PC just so funktioniert, so dass keine Umwandlungen oder zusätzlichen Berechnungen notwendig werden. Dadurch ist der Bildschirmaufbau im RGB-Modus etwas schneller als im CMYK-Modus.

Zeigt das Bildprogramm im RGB-Modus an, dann ist es möglich, aus dem gesamten Farbbereich von 16,7 Millionen Farben auszuwählen, zu malen und Farbkorrekturen durchzuführen. Es besteht dabei Zugriff auf viele Farben, die im CMYK-Modus nicht angezeigt werden können.

Bei Bildern, die für Video-, Dia- oder Bildschirmpräsentationen oder andere Medien wie Bildrekorder bestimmt sind, wo sich keine Beschränkungen durch den CMYK Farbraum (der weniger Farben darstellen kann) ergeben, kann der Vorteil des vollen Farbbereichs genutzt werden.

Da auch alle augenblicklich verfügbaren Desktop-Scanner in RGB scannen, stimmen die gescannten Farben weitgehend mit den am Bildschirm angezeigten Farben überein.

Und weil die meisten Bildformate RGB-Formate sind, empfiehlt es sich, Dokumente, die in andere Programme exportiert werden sollen, im RGB-Format zu halten, da viele Programme nur mit RGB-Dokumenten arbeiten können.

2.3.2 CMYK-Farbmodell

Wenn Farbwerte nicht durch (farbiges) Licht erzeugt werden können, bedient man sich anderer Farbmodelle, deren wichtigstes für die Ausgabe CMYK ist. Die Grundfarben beim Drucken sind Cyan, Magenta und Gelb (C, M, Y). Durch Kombination verschiedener Mengen an Cyan, Magenta und Gelb können viele verschiedene Farben erzeugt werden. Diese Farben werden auch als subtraktive Grundfarben bezeichnet, da sich hier Farbinformation durch Subtrahieren bestimmter Farbanteile vom weißem Untergrund ergibt.

Mathematisch betrachtet ist das subtraktive Farbmodell die genaue Umkehrung des additiven Farbmodells, denn hier ergibt sich Weiß (Papierfarbe), wenn keine der drei Farben C, M, Y vorhanden ist, während beim additiven Farbmodell die drei Farben R, G, B zusammen Weiß erzeugen.

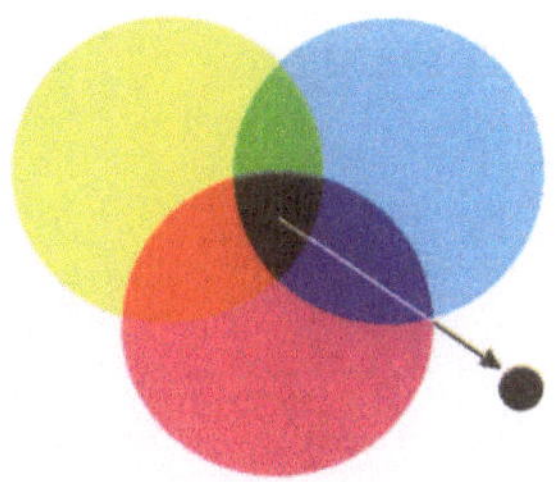

CMYK-Farbmodell

Das Mischen der Druckfarben C, M, Y in verschiedenen Verhältnissen soll es ermöglichen, alle Farben darzustellen; in der Praxis ist dies jedoch nicht möglich. Gleiche Mengen an Gelb und Magenta etwa erzeugen ein mattes, orangebraunes Rot und kein reines Rot. Entsprechend sollte eine gleiche, vollständige Deckung aller drei CMY Druckfarben reines Schwarz erzeugen; stattdessen ergibt sich Braun oder Dunkelgrau.

Solche „Farbfehler" entstehen aufgrund der physikalischen Beschränkungen von Druckfarben, die Farben sind schlicht nicht rein genug. Da Schwarz durch Zusammendruck nicht sauber hergestellt werden kann, wird es als vierte „Grundfarbe" hinzugefügt: Cyan, Magenta, Gelb (yellow) und Schwarz (blacK) sind bekannt als die Farben für den Vierfarbdruck.

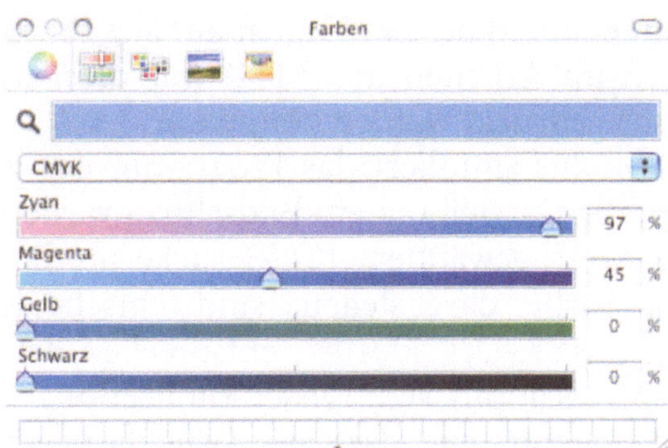

Das CMYK-Farbmodell beschreibt Farben durch unterschiedliche Anteile von C, M, Y und K.

Wie erwähnt, ist das CMYK-Farbmodell in der Anzahl der Farben, die erzeugt werden können, beschränkt. Sein Farbraum ist im

Vergleich zu dem des RGB-Farbmodells mit 16,7 Millionen möglichen Farben klein: Laut der Graphic Arts Technical Foundation (GATF) können CMYK-Druckfarben auf einer Druckmaschine unter besten Bedingungen ca. 5000 Farben erzeugen, beim Zeitungsdruck sind es noch deutlich weniger.

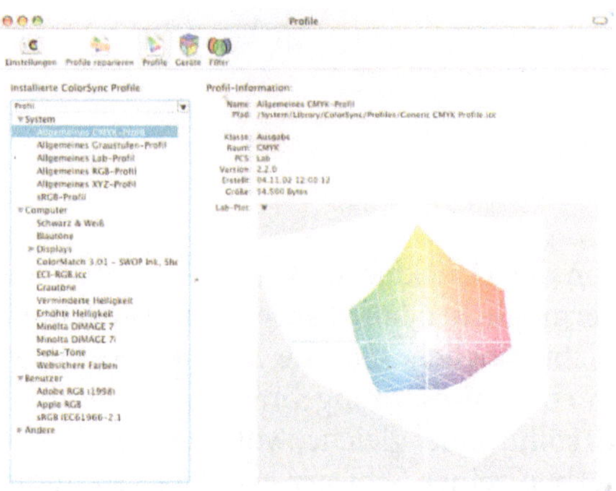

Vergleich der Farbräume RGB (grau) und CMYK (farbig)

Diese erhebliche Reduzierung der Farben kann sich sehr einschneidend auswirken, wenn die Arbeit für den Druck bestimmt ist. Arbeiten Sie in RGB, können Sie aus 16,7 Millionen Farben wählen; viele davon können jedoch im Druck aufgrund des beschränkten CMYK-Farbraums nicht exakt wiedergegeben werden.

Gute Bildbearbeitungsprogramme können deshalb Dokumente am Bildschirm nicht nur in RGB, sondern auch in CMYK anzeigen und bearbeiten. Bei RGB besteht Zugriff auf alle 16,7 Millionen Farben; während beim Arbeiten in CMYK nur die Farben angezeigt werden, die auch gedruckt werden können.

Im CMYK-Modus simuliert das Programm das gedruckte Bild am Bildschirm; die Darstellung am Bildschirm variiert dabei natürlich abhängig vom gewählten ICC-Druckerprofil, denn dessen Möglichkeiten, Farbe darzustellen, sind entscheidend. Die gebräuchlichsten CMYK-Druckfarben entsprechen dem SWOP (Recommended Specifications Web Offset Publications) Industriestandard. So wird sichergestellt, dass alle Druckfarben im Druck die gleichen Farben erzeugen.

Beim Umwandeln von Dokumenten von RGB in CMYK ersetzt das Programm alle RGB-Farben durch druckbare CMYK-Farben, was zwangsläufig das Bild verändert. Leuchtende Grün- oder Blautöne zum Beispiel können matt oder gräulich erscheinen.

Wenn ein Bild einmal als CMYK gesichert wurde, können Sie es nicht wieder in die Original-RGB-Farben umwandeln (selbst wenn Sie das Dokument wieder in RGB umsetzen). Weil das Bild auf den kleineren Farbraum von CMYK umgerechnet worden ist, sind die Farbinformationen reduziert worden und damit unwiederbringlich verloren.

2.3.3 CIE-L*a*b*-Farbmodell

Die CIE-Norm wurde 1931 vom Centre Internationale d'Eclairage (CIE) entwickelt und im Jahr 1976 um das Lab-Farbsystem erweitert. Dieser Norm liegen die imaginären Grundfarben XYZ zugrunde, die rein rechnerisch erzeugt werden und physikalisch nicht realisierbar sind – es kann keinen XYZ-Drucker und keine XYZ-Kamera geben (wohl aber eine RGB-Kamera und einen CMYK-Drucker).

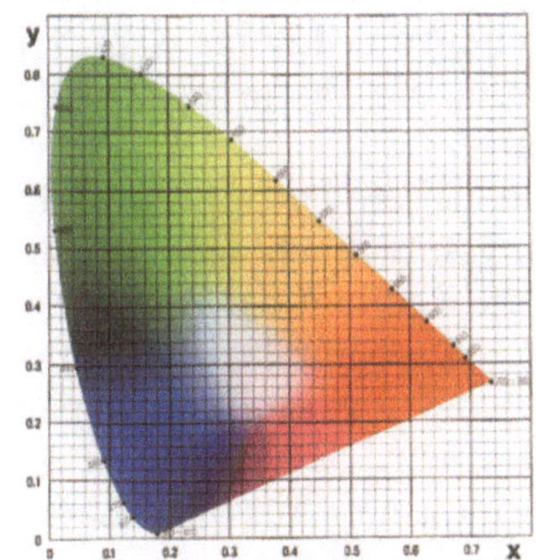

Die berühmte „Schuhsohle": CIE-XYZ-Farbmodell

Das XYZ-System basiert auf den Empfindlichkeitskurven der drei Farbrezeptoren (Zäpfchen) des menschlichen Auges und erfasst somit mathematisch präzise alle Farben, die der Mensch wahrnehmen kann. Da die Farbwahrnehmung bei jedem Menschen ein wenig anders ist, wurde ein „Normalbetrachter" definiert, dessen Augenempfindlichkeit ungefähr dem Durchschnitt der Bevölkerung entspricht.

Um diese Norm dem tatsächlichen Farbsehen besser anzupassen (visuelle Gleichabständigkeit), wurde sie um die Lab-Komponente erweitert (genauer: L*a*b*, die Sternchen haben historische Grün-de, man verzichtet heute aber meist darauf). CIE-Lab basiert auf den XYZ-Grundfarben, erweitert diese aber.

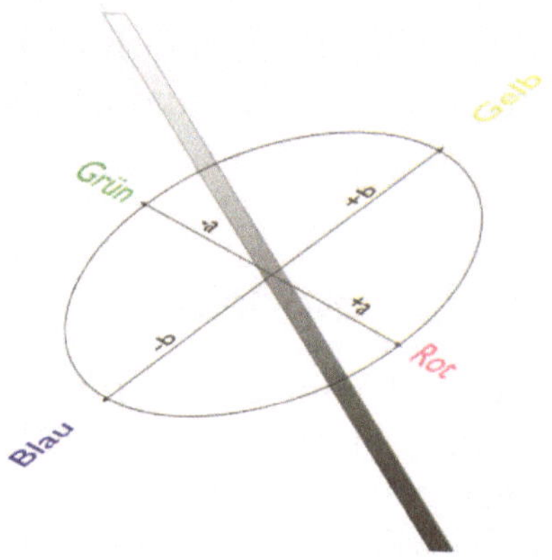

CIE-Lab Farbmodell

Buntton und Buntheit werden durch die Koordinaten a und b definiert: Die a-Komponente reicht von Grün (–a) bis Rot (+a); die b-Komponente von Blau (–b) bis Gelb (+b). Die Werte für a und b liegen jeweils im Bereich von –127 bis +127. Hinzu kommt die Helligkeitskomponente „L", die Werte zwischen 0 (Schwarz) bis 100 (Weiß) annehmen kann.

„Buntton" meint dabei die Farbe an und für sich; Rot oder Blau beispielsweise; umgangssprachlich auch als Farbton bezeichnet. Die Buntheit bezeichnet die Reinheit der Farbe respektive gibt Auskunft darüber, wie viel andere Farbanteile den Buntton „verschmutzen".

Damit lässt sich jeder Farbton mathematisch definieren. Mit „Delta E" beispielsweise wird der errechnete Abstand zwischen zwei Farben angegeben. So können Aussagen über die Unterschiedlichkeit zweier Farben quantifiziert werden, um beispielsweise Farbtoleranzen zu prüfen oder zu entscheiden, inwieweit sich zwei Farben überhaupt visuell auseinander halten lassen.

CIE-LCH ist im Grunde dasselbe wie CIE-Lab; verwendet aber statt der kartesischen Koordinaten Polarkoordinaten. „L" steht auch hier für Helligkeit (luminance), „C" meint die Buntheit (chroma) und bezeichnet die Entfernung vom Zentrum und „H" steht den Bunttonwinkel (hue).

Dieses Modell kommt dem Farbempfinden des Menschen aus mehreren Gründen entgegen:

- Menschen, die von Farbtheorien unbelastet sind, geben Rot, Grün, Blau und Gelb als Grundfarben an – wir empfinden also vier Farben als maßgeblich für unsere farbige Welt. Genau diese Farben sind im CIE-Lab berücksichtigt.
- Schwarz, Weiß und Grau – und damit die unbunte Helligkeitsinformation – ist unserem Empfinden nach deutlich von der Farbe unterschieden: Ausdrücke wie „ein helles Rot", „Dunkelblau" oder „Lindgrün" rufen sofort Erinnerungen an eine bestimmte Farbe in einer bestimmten Helligkeit wach. Die Helligkeitskomponente „L" leistet in Verbindung mit a und b genau das.

Im Gegensatz zu RGB und CMYK, die sich bei der Farbbeschreibung letztlich auf Geräte und deren begrenzten Farbraum beziehen (RGB auf Monitore oder die digitale Eingabe, CMYK auf den Druckprozess), ist Lab eine geräteunabhängige Farbbeschreibung, die die Farbräume des RGB- und CMYK-Modells und mehr umfasst. Der Lab-Farbraum beschreibt alle Farben, die das menschliche Auge erkennt, in annähernd der Gewichtung, wie wir Farben wahrnehmen.

CIE-Lab-Farbraum

Und aus einer Bilddatei, die der Lab-Notation folgt, lassen sich sowohl RGB- wie auch CMYK-Bilddaten in bestmöglicher Qualität berechnen, da diese realen Farbräume Untermengen von Lab sind.

Wird dagegen von RGB nach CMYK oder zurück umgerechnet, so unterscheiden sich die beiden geräteabhängigen Farbräume in Größe und Lage – und CMYK ist nicht notwendigerweise eine Untermenge von RGB, sondern kann andere Farben beinhalten. Ein (dunkles) Cyan etwa lässt sich auf dem RGB-Monitor nicht darstellen; sehr wohl aber auf dem CMYK-Drucker. Da es aber in RGB nicht reproduziert werden kann, schränkt RGB in dem Fall die Möglichkeiten von CMYK ein. Das kann nicht passieren, wenn das umfassendere und geräteunabhängige Lab-Farbmodell benutzt wird.

In der Praxis ist auch enorm vorteilhaft, dass Farbton, Helligkeit und Sättigung bei Lab getrennt definiert werden und deshalb auch unabhängig voneinander geändert werden können, was unserem Farbempfinden sehr entgegenkommt und vieles einfacher macht.

In RGB und CMYK wird ein Farbton immer auch durch die anderen Farben definiert: Um beispielsweise ein reines Rot in RGB-Notation (255-0-0) abzudunkeln, muss Rot zurückgenommen, Blau zugefügt werden (163-0-44). In einem vielfarbigen Bild wirkt sich diese Manipulation natürlich auf alle Farben aus, denn deren Anteile und Mischungsverhältnisse ändern sich. Gleiches gilt für CMYK.

Die Fragestellung in der digitalen Bildbearbeitung ist aber selten genug die nach den Farbwerten und deren Mischungsverhältnis. Da tun sich vielmehr Fragen wie die folgenden auf: „Das Bild ist unterbelichtet und soll heller werden" oder „Die Farben sind ein wenig blass und sollten kräftiger kommen".

Dies lässt sich mit Lab viel besser und anschaulicher lösen, und dies vor allen Dingen auch, ohne Einfluss auf andere Farben zu nehmen: Das reine Rot etwa definiert sich hier mit Lab 58-78-71 und wird einfach mit den Werten Lab 24-78-71 abgedunkelt. Sie sehen, es ändert sich nur ein Parameter – nämlich die Helligkeitskomponente L:

Anschauliche Farbänderung in CIE-Lab

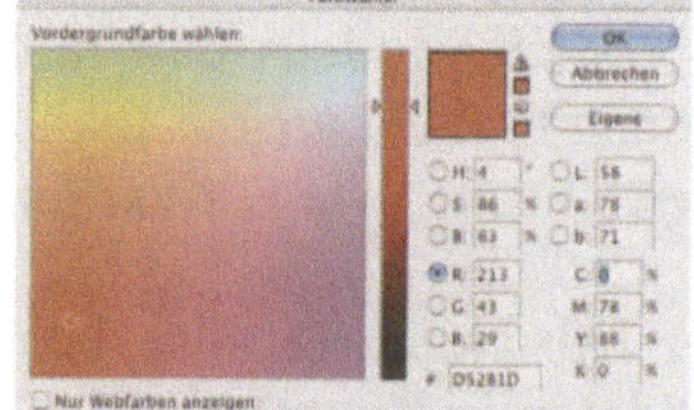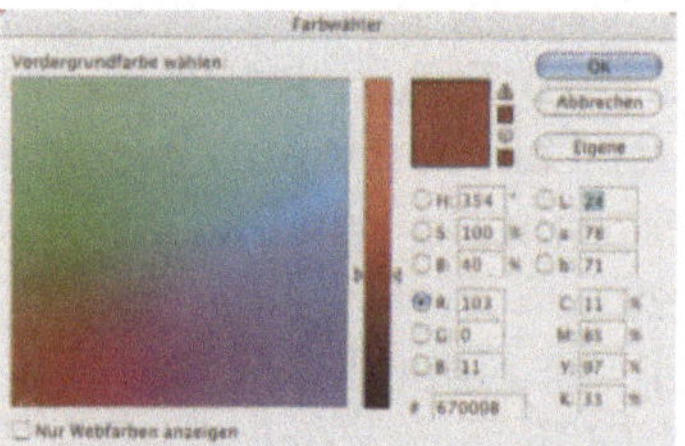

Auf solche Weise lassen sich via Lab (idealer Weise bei 16 Bit Farbtiefe) Buntton, Buntheit und Helligkeit unabhängig voneinander beeinflussen, und das ist genau das, was wir uns in der digitalen Bildbearbeitung schon immer gewünscht haben.

Gezielt „augenrichtige" Beeinflussung in CIE-Lab

2.3.4 HSV-Farbmodell

HSV steht für Farbton (hue), Sättigung (saturation) und Helligkeit (value) und erlaubt so wie Lab eine anschaulichere Farbwahl sowie -änderung; respektive beschreibt den Farbraum griffiger.

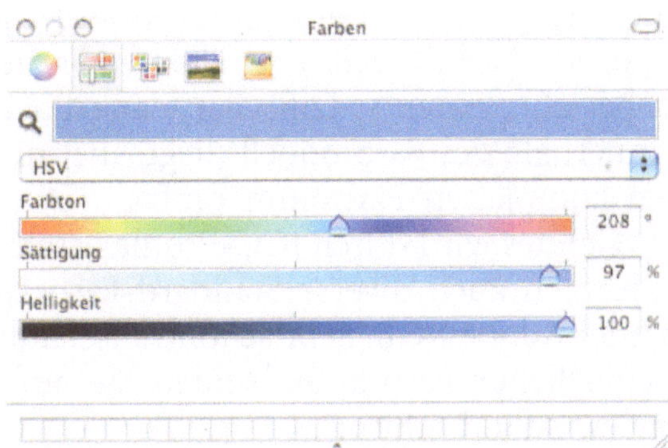

Das HSV-Farbmodell beschreibt RGB anschaulich.

Doch obwohl das Farbmodell HSV mit ähnlichen Begriffen und in ähnlicher Anschaulichkeit arbeitet, ist es nicht mit CIE-Lab gleichzusetzen! Denn HSV basiert (so wie auch die vergleichbaren Varianten HSB oder HLS) auf dem RGB-Farbmodell und macht es lediglich anschaulicher handhabbar.

Dieses Farbmodell beschreibt aber nur den Farbraum RGB; deshalb sind auch in HSV nicht alle Farben darstellbar und das Modell ist gleichfalls geräteabhängig.

2.4 Farbraum

Trotz aller geschilderten Einschränkungen beschreiben die Farbmodelle RGB und CMYK zunächst einmal idealisierte Farbräume mit allen innerhalb diesen Farbmodells darstellbaren Farben.

Jedes Gerät hat aber einen spezifischen darstellbaren Farbraum (Gamut), der innerhalb des Farbmodells liegt, aber nicht notwendigerweise dessen kompletten Farbraum umfasst. Dieser spezifische Farbraum eines Gerätes wird durch ICC-Profile beschrieben.

Daneben existieren auch diverse Standard-Farbräume wie zum Beispiel sRGB oder Adobe RGB. Sehr schöne anschauliche 3-D-Vergleiche unterschiedlicher Farbräume finden Sie auf der Webseite http://www.iccview.de/index.htm:

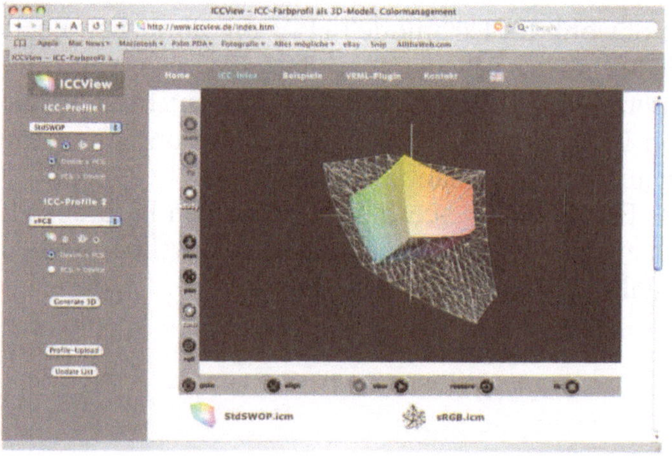

Meiden Sie das Profil sRGB, sofern möglich! Die Abkürzung steht für „small RGB" und dieser Farbraum ist gewissermaßen der kleinste gemeinsame Nenner aller Monitorfarbräume, der für die möglichst einheitliche Darstellung von Bildern aus dem Internet entwickelt wurde. Siehe auch Abschnitt *2.5.6 ICC-Profile nutzen* weiter hinten.

2.5 Farbmanagement

Um die verschiedenen Farbräume möglichst genau aufeinander abbilden zu können, sind Farbmanagementsysteme entwickelt worden, die die Farbmodelle weitgehend verlustfrei von dem einen in
den anderen Darstellungsmodus transferieren sollen. Will heißen,
das fotografierte Bild soll auf dem Monitor und im Druck möglichst genau so aussehen wie in Wirklichkeit. Die Farben sollen auf
verschiedenen Ausgabegeräten einheitlich und möglichst vollstän-
dig dargestellt und ausgegeben werden.

Das Farbmanagement enthält Informationen über die Farbfähigkeiten eines bestimmen Gerätes (Profil) und vergleicht sie mit dem
geräteunabhängigen Standard CIE-Lab. Auf jedem Gerät werden
dann der Farbraum respektive die korrespondierende Farbe gewählt, welche die größte Übereinstimmung mit der Standardfarbe
haben.

Mit einem guten Farbmanagement ist es auch möglich, sich bereits auf dem Monitor anzusehen, wie ein Bild auf farbigem Nor-
malpapier oder auf Fotopapier ausgedruckt aussehen würde. Oder
wie es sich bei Tages- bzw. Kunstlicht verhält.

Mit Hilfe des Farbmanagements kann gleichfalls festgestellt werden, ob die im Bild verwendeten Farben überhaupt im Druck wiedergegeben werden können. Sie können dann gegebenenfalls noch
modifiziert werden.

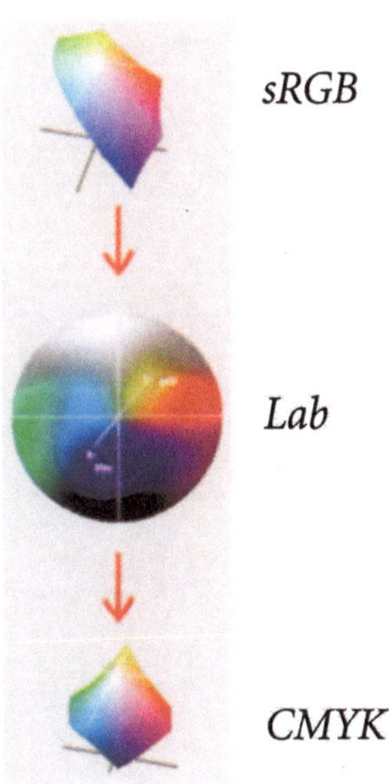

*Geräte gleichen Farb-
räume via geräteunab-
hängigem CIE-Lab ab.*

2.5.1 Standard ICC

Damit das Farbmanagement funktionieren und es die verschiedenen Farbräume aufeinander abbilden kann, benötigt es möglichst
exakte Informationen über die Farbfähigkeiten eines jeden Gerätes:
so genannte Profile. Als Standard haben sich hier die so genannten
ICC-Profile durchgesetzt, die von vielen Herstellern mit den Geräten mitgeliefert werden (oder sich auf der Internet-Seite des Herstellers herunterladen lassen).

Unter http://www.eci.org/deu/index_d.html finden Sie Informationen zum Farbmanagement, dazu viele ICC-Profile, die im spezi-

ellen für bestimmte Druckmaschinen und Verlage geeignet sind. Mit ECI-RGB wird aber auch ein sehr brauchbares allgemeines ICC-Profil angeboten, das in Besonderheit den gesamten CMYK-Druckfarbraum einschließt.

Diese ICC-Profile gehen natürlich von einem durchschnittlichen Gerätestandard aus und können deshalb jenes spezielle Gerät, das Sie zuhause stehen haben, nur annähernd beschreiben. Nichtsdestotrotz stellen sie eine sehr einfache und dabei gute Möglichkeit dar, praktisch auf Anhieb zu einer recht hohen Farbkonstanz in der digitalen Aufnahmekette Scanner oder Kamera – Monitor – Drucker zu kommen. Gerade für den normalen Anwender, für den die individuelle und perfekte Farbkalibrierung schon aus Kostengründen nicht in Frage kommen wird, können gute ICC-Profile sehr hilfreich sein.

Noch bessere Ergebnisse wird jener Anwender erzielen, der das Farbmanagement und die unterschiedlichen Geräte noch ein wenig mehr auf seine speziellen Verhältnisse hin optimiert. So spielt beispielsweise nicht nur der verwendete Monitor, sondern auch die benutzte Grafikkarte eine Rolle für die Farbdarstellung am Monitor. Diese Gegebenheiten kann ein standardisiertes ICC-Profil natürlich nicht berücksichtigen, der Anwender aber sehr wohl. Wie Sie Ihr System auch ohne aufwendige und teure Geräte recht gut in den Griff bekommen, beschreiben wir im Folgenden.

2.5.2 Farbmanagement und Betriebssystem

Bereits seit langem bietet Apple ColorSync an und seit Windows 95 ist gleichfalls ein Farbmanagement ins Betriebssystem von Microsoft integriert.

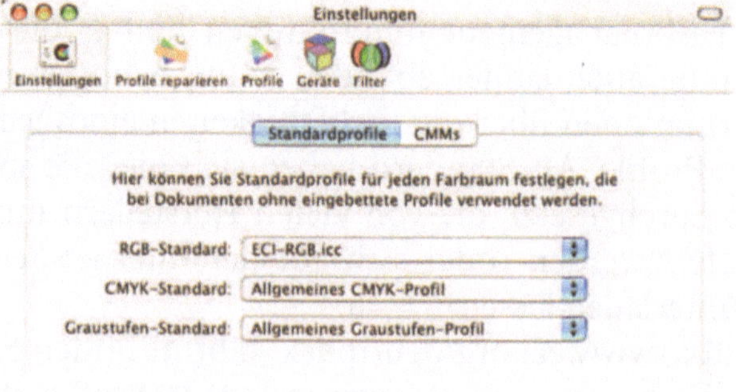

ColorSync von Apple

Darauf können alle Programme zugreifen und sich die Routinen und Profile des Farbmanagements zunutze machen. Um dieses Farbmanagement nutzen zu können, muss natürlich auch die entsprechende Software zum Farbmanagement fähig sein. Neben den mitgelieferten ICC-Profilen können auch Profile der Gerätehersteller eingebunden werden.

Auch die besseren Bildbearbeitungsprogramme bieten die Möglichkeit des Farbmanagements, hier können Farbprofile an die Bilddatei angehängt oder mit ihr verrechnet werden, das Farbprofil des Monitors wird berücksichtigt und die Ausgabe kann am Bildschirm simuliert werden (dazu gleich noch mehr).

2.5.3 Perfekte ICC-Profile

Im Folgenden soll der Weg zum optimalen individuellen ICC-Profil kurz geschildert werden. Das ist für alle hilfreich, dient es doch dem grundlegenden Verständnis des Farbmanagements.

1. Eine standardisierte Vorlage, zum Beispiel ein IT8-Chart (eine Normfarbvorlage) wird digitalisiert (abfotografiert oder eingescannt).
2. Die entstandene Bilddatei wird anhand von Referenzdaten, die der Hersteller des Charts mitgeliefert hat, verrechnet. Die Farbabweichungen des Gerätes werden bestimmt und daraus dann das ICC-Profil errechnet.

Dieser Prozess kann mit unterschiedlicher Genauigkeit erfolgen: Zunächst einmal wird natürlich für jedes Material (Kodak Ektachrome Diafilm, Fuji Farbnegativpapier) eine eigene Vorlage beim Digitalisieren benötigt.

Diese Farbtafeln werden bei der Herstellung in unterschiedlicher Häufigkeit ausgemessen, zum Beispiel jede hundertste Tafel. Je häufiger gemessen wird, desto genauer sind natürlich auch die mitgelieferten Referenzdaten, desto teurer ist aber auch die Farbtafel.

Bei ganz besonders hohen Anforderungen an die Farbtreue schließlich wird diese eine, spezielle Farbtafel vom Anwender selbst ausgemessen. Dazu wird ein Spektralfotometer benutzt, mit dessen Hilfe sich die Farb- und Dichtewerte der Vorlage exakt bestimmen lassen. Spektralfotometer für Aufsichtvorlagen sind aber nicht ganz billig, jene für Durchsichtvorlagen (Durchsichtspektralfotometer) findet man nur selten, so teuer sind sie.

Dieses ICC-Profil, egal, ob als Standardprofil vom Hersteller des Gerätes geliefert oder selbst errechnet, wird nun immer für die Digitalisierung dieses speziellen Materials benutzt und sorgt idealerweise dafür, dass der (größere) Farbraum der Vorlage bestmöglich vom Gerät erfasst werden kann.

Der restliche Kalibrierungsvorgang im digitalen Studio läuft dann im Wesentlichen genauso ab wie für die Eingabeseite soeben geschildert:

Auch das ICC-Profil des Monitors wird anhand von Referenzdaten und mit einem Spektralfotometer ausgemessen und verrechnet. Und genau dasselbe passiert dann auch noch einmal auf der Ausgabeseite. Der Drucker oder Belichter bekommt auch sein eigenes ICC-Profil.

Und wenn diese ICC-Profile gut sind, dann führt das im Endergebnis dazu, dass die Farbraumkonvertierung zwischen den unterschiedlichen Geräten mit maximaler Qualität bei minimalen Einbußen erfolgt. Das bedeutet, ein Grün bleibt ein Grün (und verrutscht nicht etwa auf Grund von Rechenfehlern in den Blaugrünbereich) und der Grünton kommt dem des Originals möglichst nahe.

2.5.4 Kalibrierung von Kamera und Scanner

Bei digitalen Kameras ist die Erstellung verschiedener ICC-Profile für unterschiedliche Vorlagen nicht in dem Maße wichtig wie bei Scannern. Normalerweise liefert der Hersteller ein allgemeines ICC-Profil, das den Durchschnitt dieses Kameramodells recht gut beschreibt.

In der Reproduktion allerdings werden an eine Kamera letztlich genau dieselben Anforderungen gestellt wie an einen Scanner. Auch für den, der besonders hohe Ansprüche an die Farbtreue seiner digitalen Kamera stellt, kann es sich lohnen, die Farbwiedergabe bei unterschiedlichen Lichtverhältnissen (Tageslicht, Kunstlicht, Blitzlicht) auszutesten.

Für die Kalibrierung von Kamera und Scanner sind die Farbtafeln von Fotowand Technik (www.fotowand.de) hilfreich, sofern die weiter oben beschriebene Erstellung eigener ICC-Profile nicht möglich ist. Auch Fotolabore bieten mitunter Hilfen an, mit denen das Farbmanagement überprüft und genauer einjustiert werden kann.

2.5.5 Monitorkalibrierung

Mit der Monitorkalibrierung stellen Sie die Farbdarstellung des Monitors ein und optimieren die Bildschirmanzeige so, dass sie in der Kette Eingabe – Darstellung – Ausgabe möglichst nicht aus dem Rahmen fällt. Sie sehen idealerweise auf dem Monitor das, was später auch der Drucker zeigt. Damit wird die Bilddarstellung beeinflusst, nicht aber die Eingabe oder Ausgabe: Dazu bedarf es anderer ICC-Profile. Die sorgfältige Monitorkalibrierung legt die Grundlage für „gültige" Bildmanipulationen.

Ist es möglich, den Monitor über Regler am Monitor abzugleichen, dann sollten Sie das tun, denn bei diesem „Hardewareadjust" bleibt die Einstellung fix und unterschiedliche Programme können Software-Werte nicht unterschiedlich interpretieren. Trotz fixer Einstellung bleibt sie aber nicht konstant: Wiederholen Sie daher jede Kalibrierung (egal ob Hardware- oder Software-Einstellung) alle paar Wochen, denn das Monitorbild ändert sich im Laufe der Zeit.

Farbreferenzbild
Foto: Fuji

Um eine möglichst genaue Abmusterung zu gewährleisten, ist es ganz wichtig, die Farbtemperatur des Monitors auf die Farbtemperatur des Umgebungslichtes abzustellen. Üblicherweise wird bei Tageslicht oder unter tageslichtähnlicher Beleuchtung gearbeitet, die eine Farbtemperatur zwischen 5000 und 6000 Kelvin hat. Ein guter Kompromiss sind hier 5500 Kelvin.

Oft existieren zu ein und demselben Monitor mehrere ICC-Ausgabeprofile, die auf die unterschiedlichen Farbtemperaturen abgestimmt sind. Wählen Sie vor der Bildbearbeitung dasjenige aus, das der Farbtemperatur Ihres Umgebungslichtes am nächsten kommt.

Geeignete Softwarehilfen vorausgesetzt (zum Beispiel das Kontrollfeld respektive die Systemerweiterung *Monitore* mit Kalibrierungsfunktion von Apple), können Sie die Farbtemperatur des Monitors auch selbst einregeln.

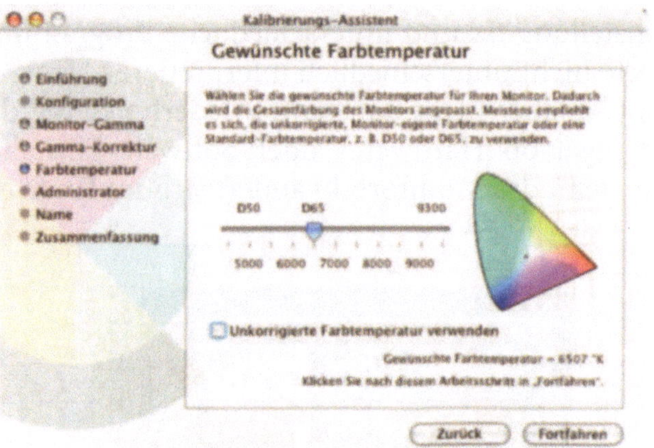

Der Monitor sollte auf die Farbtemperatur des Umgebungslichts eingestellt sein.

Stimmt die Farbtemperatur des Monitors nicht mit der der Umgebung überein, dann können Sie auch die Farben nicht richtig beurteilen und demgemäß das Bild auch nicht farbrichtig bearbeiten.

Eine Farbtemperatur von 9000 Kelvin beispielsweise sieht zwar sehr brillant aus, enthält aber einen hohen Blauanteil. Wenn Sie nun den Monitor auf diese Farbtemperatur einstellen und dabei Farben korrigieren, wird das Ergebnis blaustichig ausfallen.

Sollte es Ihnen dann Abends noch einfallen, bei normaler Raumbeleuchtung noch ein wenig an Ihren Fotos zu korrigieren, dann müssen Sie die Farbtemperatur des Monitors diesem eher rötlich getönten Licht anpassen; auf etwa 3000 bis 3500 Kelvin.

Auch die Monitorfarben müssen Sie einstellen. Ein Eingabewert von 50% Cyan (Daten von Diskette, Scanner etc.) kann auf dem Monitor ganz anders aussehen; etwa eher wie 40% oder 60% Cyan.

Weiterhin weist jeder Monitor eine Gesamtfarbverschiebung auf. Der eine Monitor liefert ein eher rötliches, der andere ein eher bläuliches Bild. Oft entspricht das Weiß auf dem Monitor ca. 20% Cyan auf einer Druckseite. Auch diese Farbverschiebungen können mit Hilfe der Kalibrierung ausgeglichen werden.

Schenken Sie letztlich auch der Kontrasteinstellung Ihres Monitors Augenmerk. Beim Macintosh wird üblicherweise ein Gamma von 1,8 vorausgesetzt, bei Windows-PCs eines von 2,2. Idealerweise sollte das gesamte Farbmanagement von diesen Werten ausgehen.

Das ist insbesondere wichtig, damit Bilder nicht zu hart oder zu weich ausgedruckt werden. Geschieht genau das auf Ihrem Drucker, dann verändern Sie zunächst einmal die Gammaeinstellung: Niedriger, wenn das Bild zu flau ist, höher, wenn das Bild zu kräftig ist. Jetzt stellen Sie anhand der neuen Monitordarstellung für dieses Bild in der Bildbearbeitungssoftware noch einmal Helligkeit und Kontrast neu ein und drucken es erneut aus.

Monitorkalibrierung

Wenn das Betriebssystem Hilfsmittel anbietet, mit denen der Anwender seinen Monitor selbst kalibrieren kann, dann sollten Sie das nutzen, um das allgemeine ICC-Profil besser an diesen speziellen Monitor und Ihre Bedingungen anzupassen. Apple beispielsweise liefert eine sehr gute Kalibrierungshilfe mit, mit der Sie die wichtigen Parameter Kontrast, Helligkeit und Farbbalance einjustieren können.

Für alle anderen oder zur Gegenkontrolle bietet auch das Internet Hilfen an. Auf der Webseite http://www.werbefoto.at/d_base/calibration.htm etwa findet sich eine Sammlung brauchbarer Kalibrierhilfen samt Links zu weiteren Einstellhilfen.

Nehmen Sie Farbjustierungen nur an richtig aufgewärmten Geräten vor (ca. eine halbe Stunde Betriebszeit). Da Kathoden unterschiedlich schnell altern, sind bei Röhrenmonitoren ab einem bestimmten Alter Farbfehler unvermeidlich. Wiederholen Sie die Kalibrierung alle paar Wochen, denn das Monitorbild ändert sich im Laufe der Zeit.

Die Kalibrierung können Sie sich mit geeigneten, speziell dafür geschaffenen Vorlagen erleichtern:

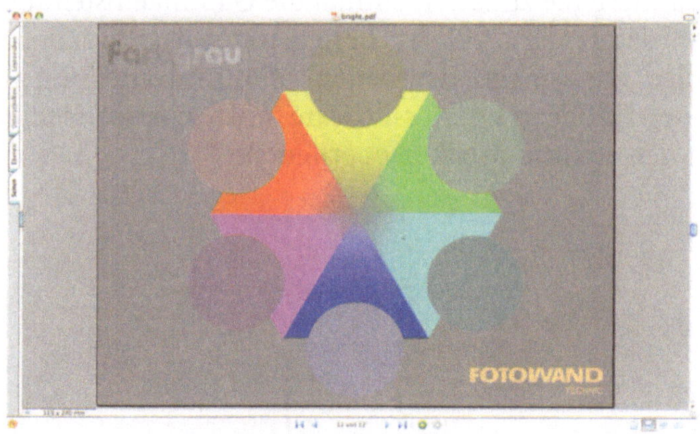

PDF-Set für die Monitorkalibrierung Foto: Fotowand Technik

Mit dem PDF-Set 1512 zur Monitorkalibrierung von Fotowand Technik (www.fotowand.de) kann der Kalibrierungsvorgang mit Hilfe eines PDF-Dokuments direkt am Monitor durchgeführt werden; Monitor und Drucker werden dabei im Dialog aufeinander einjustiert.

Besonderes Augenmerk wurde auf die richtige Helligkeitseinstellung gelegt, denn Papier und Drucker zeigen nicht die Brillanz eines Durchlichtmediums, wie es der Monitor ist. Ist er zu hell eingestellt, fehlt im Ausdruck die Zeichnung in den Schwärzen.

Geht es nicht um den eigenen Ausdruck, sondern um das Ausbelichten im Labor (das „Bilder machen" lassen), dann hält der Handel auch da Hilfen bereit:

Für fünf Euro erhalten Sie bei Ihrem Fotohändler das Digital Imaging Control Tool „Digital Quality", das einer Initiative des deutschen Fotoindustrieverbands und einer Gruppe von Unternehmen entspringt (und das tatsächlich so lang und ausschließlich Englisch benannt ist). Damit wird ein einfach zu bedienendes Werkzeug für die Einstellung des eigenen Bildschirms angeboten.

Die Besonderheit dabei: Das Tool ist auf die Maschinen des jeweiligen Labors abgestimmt, mit dem der Fotohändler zusammenarbeitet. Es sollte also auch bei dem Fotohändler gekauft werden, dem Sie Ihre Digitalfotos zur Belichtung anvertrauen, denn das Referenzfoto eines anderen Fotolabors könnte zu Verfälschungen bei der Belichtung führen.

Digitale Qualität verspricht die Kalibrierungshilfe „Digital Quality"

Die soeben vorgestellten Hilfen zur Kalibrierung eignen sich natürlich auch – genauso wie vergleichbare andere – als Druckvorlage für den folgenden Tipp.

Um die Bildschirmanzeige für den Druck zu „kalibrieren", kann man sich eines einfachen Tricks bedienen. Von den unkorrigierten  Daten erfolgt ein Probeandruck – zum Beispiel auf dem heimischen Tintenstrahler. Das kann aber auch eine beim Fotohändler in Auftrag gegebene digitale Ausbelichtung sein. Dieser fehlerhafte Probeandruck dient nun als Grundlage für die Monitoreinstellung. Der Monitor wird so justiert, dass seine Anzeige weitestgehend dem Probedruck entspricht. Damit ist gegeben, dass man am Monitor mit dem „Druckbild" arbeitet und die richtigen Bildveränderungen vornimmt.

2.5.6 ICC-Profile nutzen

Unabhängig davon, ob Sie die allgemeinen ICC-Profile des Herstellers benutzen oder sich selber welche erstellt haben, gilt der Grundsatz, dass das Farbmanagement nur so exakt sein kann, wie Sie die vorgegebenen Parameter einhalten.

So wird beispielsweise das ICC-Profil vom Hersteller eines Tintenstrahldruckers nur dann funktionieren können, wenn Sie auch die Originaltinte dazu benutzen. Denn auf dieser Grundlage wurde das ICC-Profil errechnet. Idealerweise ist es sogar so, dass der Druckerhersteller unterschiedliche ICC-Profile für unterschiedliche Papiersorten zur Verfügung stellt.

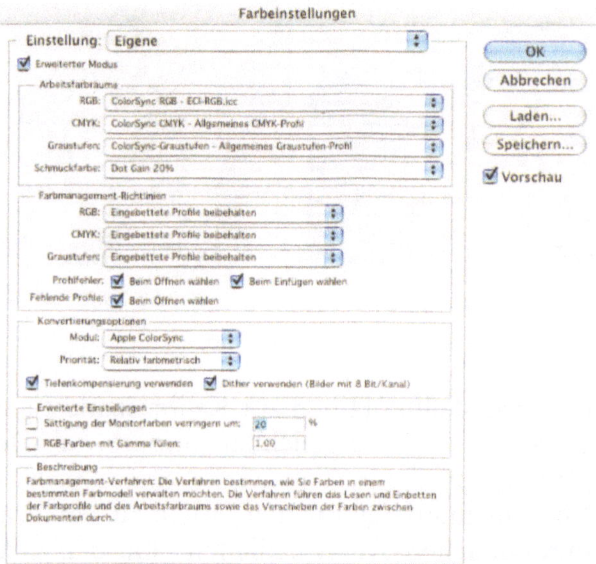

Beste Einstellung für das Composing: Großer Arbeitsfarbraum ECI-RGB.

Halten Sie sich dabei an folgende Grundregeln: Beim Digitalisieren wird das ICC-Profil mit der Datei verrechnet. Digitale Kameras erledigen diesen Vorgang übrigens, vom Anwender unbemerkt, ganz von selbst.

Durch dieses Verrechnen des ICC-Profils beim Digitalisieren wird die Datei vorlagenunabhängig, das heißt, es spielt keine Rolle mehr, mit welchem Gerät und von welcher Vorlage das Bild entstand. Es ist schlicht und einfach bestmöglich erfasst worden. Ideale Voraussetzungen für die Bildbearbeitung und die Ausgabe.

Im Folgenden dann wird das jeweilige ICC-Profil dazu dienen, die Bilddarstellung (auf dem Monitor) und die Bildausgabe optimal zu halten. Das Monitorprofil wird via Betriebssystem verwaltet (oder aber der Monitor wurde hardwarekalibriert) und der Monitor stellt damit in allen Programmen gemäß seiner Farbfähigkeiten bestmöglich dar.

Das Ausgabeprofil wiederum wird entweder in der Bildbearbeitung vorgegeben – beim Konvertieren von RGB nach CMYK etwa legen die Voreinstellungen fest, wie in welchen CMYK-Farbraum konvertiert wird. Oder aber der Druckertreiber nutzt sein Profil für den Ausdruck und konvertiert die Bilddaten (normalerweise von RGB zum Vierfarbdruck CMYK oder auch – bei Tintenstrahldruckern – zu CMYK plus Sonderfarben).

Bleibt noch die Frage, wie mit ICC-Profilen in der Bildbearbeitung umgegangen werden sollte. Hier gilt Folgendes:

- Wird eine Bilddatei geöffnet, die kein Profil besitzt, so wird sie in ein Profil konvertiert (üblicherweise benutzt man dazu das gut bekannte Arbeitsprofil), damit sie künftig auch im Farbmanagement erfasst ist.
- Besitzt die Bilddatei ein Profil, so wird dieses Profil beibehalten, denn es soll ja just dafür sorgen, dass die Farbdarstellung sowohl bei der Bearbeitung wie auch bei der Ausgabe möglichst konstant bleibt: die Farben sollen überall gleich aussehen.
- Eine Ausnahme ist das Composing – das Zusammenfügen mehrerer Bildelemente. Hier wird es nötig sein, Bilddaten mit unterschiedlichen Farbräume in den Arbeitsfarbraum (empfehlenswert: ECI-RGB) zu konvertieren.

Bei einer Profilkonvertierung werden die Farbdaten so umgerechnet, dass sie trotz anderen Farbraums ihr Aussehen behalten.

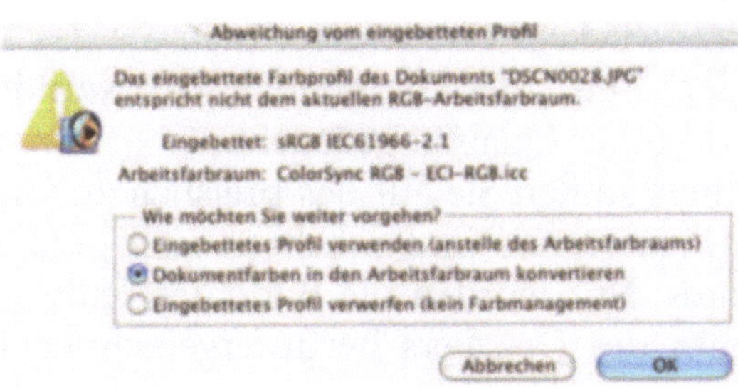

Beim Composing wird ein einheitlicher Arbeitsfarbraum gewählt.

Anders bei einer Zuweisung: Wird ein Profil an eine Datei angehängt (= Profil zuweisen), so werden die absoluten Farbwerte nicht verändert, aber der Bezugsraum und damit die Monitordarstellung ändern sich. Die Farbdaten weisen jetzt auf „falsche" (visuell andere) Farborte im neuen Farbraum. Die Zuweisung kann dennoch hilfreich sein, wenn eine Bilddatei ohne eingebettetes ICC-Profil geöffnet wird: Vor der Profilkonvertierung kann man sich ansehen, wie sich verschiedene Profile auswirken und sich dann für das Beste entscheiden.

Ist das gefunden, wird die Bilddatei mit diesem Profil verrechnet (= ins Profil konvertieren). Meist wird man sich dabei für den üblichen Arbeitsfarbraum entscheiden, da man den gut kennt.

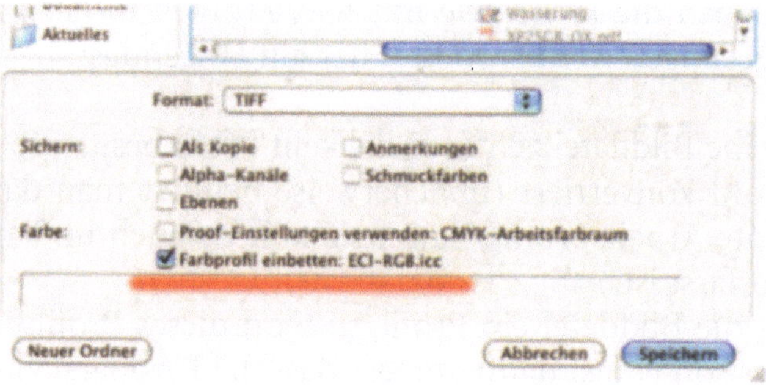

Der Arbeitsfarbraum „wandert" beim Sichern mit der Datei.

Zusammenfassend: Beim Digitalisieren werden die ICC-Eingabeprofile verrechnet; Resultat ist eine medienneutrale Bilddatei. Durch ICC-Ausgabeprofile wird sie wieder medienspezifisch.

Werden Ausgabedateien nötig (für CMYK etwa), so sollten grundsätzlich nur Kopien der Bilddaten konvertiert werden, weil dabei Farbinformationen verloren gehen.

Ein kleines Beispiel, wie sich das Verrechnen eines ICC-Ausgabeprofils auswirken könnte: Sie haben ihr wunderschönes Foto in der Bildbearbeitung optimiert und möchten es jetzt auf Ihrem Tintenstrahldrucker ausdrucken. Dazu verrechnen Sie das ICC-Profil des Druckers mit dem Bild. Alles klappt auch ganz wunderbar, das Bild wird in hervorragender Qualität gedruckt.

Dann allerdings stoßen Sie auf das preislich äußerst interessante Angebot eines Printservice und möchten jetzt gern eine Halbtonausgabe des Fotos. Nur wurden die Bilddaten leider schon auf den CMYK-Farbraum des Druckers heruntergerechnet. Eine optimale Halbtonausgabe ist nicht mehr möglich. (Unter anderem deshalb ist es so wichtig, dass Sie die originalen Bilddaten nicht verändern, sondern ausschließlich mit Kopien arbeiten.)

2.5.7 Farbmanagement in der Praxis

Obwohl nur die wenigsten von uns die finanziellen und technischen Möglichkeiten haben werden, Farbmanagement in Perfektion zu betreiben, so bedeutet das keinesfalls, dass die Ergebnisse miserabel ausfallen müssen. Ganz im Gegenteil. Seit einigen Jahren bereits bemühen sich alle Hersteller sehr um gutes Farbmanagement und die angebotenen generellen ICC-Profile sind mittlerweile überaus brauchbar. Dieses standardisierte Farbmanagement lässt sich mit relativ einfachen Mitteln noch weiter verfeinern:

Wenn Sie oft mit einem bestimmten Dienstleister respektive Profilabor zusammenarbeiten, dann haben Sie folgende Möglichkeit: Lassen Sie drei wichtige Bilder in einem Profilabor unter High-End-Bedingungen ausgeben. Benutzen Sie dazu „rohe" Bilddaten, an denen Sie noch nichts geändert haben. Lassen Sie sich dann dazu das vom Profilabor benutzte ICC-Ausgabeprofil geben.

Noch ist es weitgehend illusorisch, zu glauben, man bekäme das Ausgabeprofil auch von einem der großen Printdienste, die ihre Arbeiten beispielsweise über das Internet anbieten. Aber vielleicht ändert sich das ja noch. Und das Digital Imaging Control Tool – siehe Abschnitt *2.5.5 Monitorkalibrierung* – ist ein erster Schritt dahin, denn es fußt auf den Parametern dieses einen speziellen Labors, mit dem Ihr Fotohändler zusammenarbeitet.

Bei kleineren beziehungsweise den High-End-Profilaboren dagegen sollte das kein Problem darstellen, und Sie können künftig all Ihre Bilder, die Sie dort abgeben, perfekt vorbereiten.

Sie erhalten ein ICC-Ausgabeprofil, beispielsweise für Agfa-Farbmaterial auf Durst Lambda (das ist ein Ausbelichter). Dieses Profil können Sie nun in Ihre Bildbearbeitung einbinden, und wenn Sie Ihren Fotos dieses Profil zuweisen, wird es mit dem Monitorprofil verrechnet und Sie erhalten eine Monitordarstellung, die weitgehend dem späteren Printergebnis entsprechen wird. Wie exakt diese Darstellung letztlich tatsächlich ist, wird vor allem von der Exaktheit des ICC-Profils abhängen, das zu Ihrem Monitor existiert.

2.6 Farbmanagement kurz gefasst

In der Übersicht reduziert sich gekonntes Farbmanagement auf folgende Schritte:

1. ICC-Profile für alle Geräte besorgen.
2. ICC-Profile ins Betriebssystem und/oder ins Bildbearbeitungsprogramm einbinden (siehe dazu die Bedienungsanleitung – unter Mac OS X etwa werden die Profile einfach unter Library/ColorSync/Profiles abgelegt und stehen dann allen Programmen zur Verfügung).
3. ICC-Profil für Monitor zuweisen; Monitor nachkalibrieren.
4. Fotos aus der Kamera auf dem Computer speichern:
   Im Fall von RGB-Bilddaten wurde das ICC-Profil bereits kameraintern verrechnet; hier ist nichts zu tun.
   RAW-Bilddaten müssen mit einem speziellen Programm oder Plug-In konvertiert und bearbeitet werden.
5. Fotos auf dem Monitor respektive im Bildbearbeitungsprogramm mit dem gewünschten ICC-Profil anzeigen. „Gewünscht" ist Folgendes:
   Besitzt die Bilddatei ein Profil, so wird das benutzt.
   Für Composings oder bei fehlendem Profil wählen Sie selbst einen Arbeitsfarbraum beziehungsweise ein Profil wie das empfehlenswerte ECI-RGB (siehe http://www.eci.org/deu/index_d.html) und konvertieren die Farbdaten in dieses Profil.
6. Jetzt können Sie das Foto farbgültig bearbeiten, verbessern und verfremden.
7. Gesichert wird das Foto mit Profil.
8. Existiert ein Ausgabeprofil für Ihren Drucker respektive wissen Sie bereits, wo und wie das Foto ausgegeben werden soll, dann wird eine Kopie der Bilddatei (= die Ausgabedatei) mit dem Profil des Ausgabegerätes/Dienstleisters verrechnet. Die Printservices wollen oft sRGB.

Kapitel 3

Bildoptimierung

3.1 Bildoptimierung Schritt-für-Schritt

Sowie Sie ein Foto im Bildbearbeitungsprogramm geöffnet haben, betreten Sie die „digitale Dunkelkammer", gewissermaßen das Pendant zum früheren Fotolabor. Hier können Sie all das und noch viel mehr mit ein paar Mausklicks mit Ihren Fotos machen, was der Fotolaborant früher mit Vergrößerungstechniken, Farbfiltern, Masken, Spezialfilmen und Chemikalien getan hat.

Techniken wie Isohelie, Solarisation oder Duoton (um nur einige zu nennen), die früher zeitaufwändig waren und viel Erfahrung brauchten, sind jetzt nur mehr einen Befehl weit entfernt.

Die hohe Kunst der elektronischen Bildbearbeitung liegt meist da, wo man sie gar nicht wahrnimmt: beim Optimieren der (mangelhaften) Fotos, so dass sie sich bestmöglich präsentieren. 

Im Folgenden zeigen wir schrittweise von der Vorbereitung der Bilddaten bis hin zur Ausgabe der Fotos den Weg zum optimierten Foto.

3.1.1 Wege zum Ziel

In den meisten Bildbearbeitungsprogrammen eröffnen sich Ihnen mehrere unterschiedliche Wege zum selben Ziel. Da findet sich neben dem Einfachmodus, der schnell und unkompliziert zum Ziel führt, auch ein Expertenmodus, der Hintergrundwissen voraussetzt, dafür aber auch feinere Manipulationen ermöglicht.

So sind viele Filterfunktionen für diejenigen gedacht, die nicht so genau um die Grundlagen, Funktionen und Wirkungen bestimmter Parameter wissen, aber dennoch schnell zu guten Ergebnissen gelangen möchten. Die Filterfunktionen *Scharfzeichnen* und *Stark Scharfzeichnen* etwa sind nichts anderes als der Befehl *Unscharf Maskieren* mit vom Programm vorgegebenen (hohen) Parametern.

Statt des Befehls *Helligkeit/Kontrast* wird der Kenner den Befehl *Gradationskurven* wählen und kann dann mit Hilfe von Stützpunkten genau festlegen, in welchen Bereichen des Bildes (Tiefen, Mitteltöne, Lichter) er Helligkeit und Kontrast (= Gradation) verändern möchte.

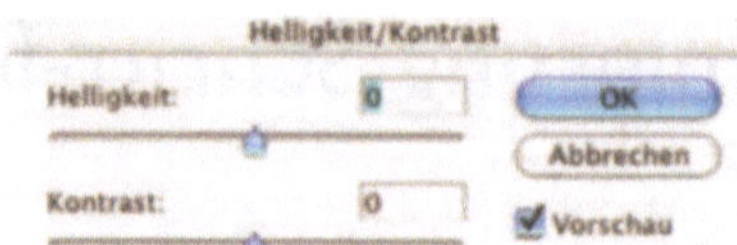

Der schnelle Weg…

Dabei müssen fest definierte Filterfunktionen nicht unbedingt schlecht sein, sie können ganz im Gegenteil sehr gute Ergebnisse zeigen. Sie erlauben aber nicht die Kontrolle und Einflussnahme wie die zugrunde liegenden Funktionen mit variabler Parametereingabe.

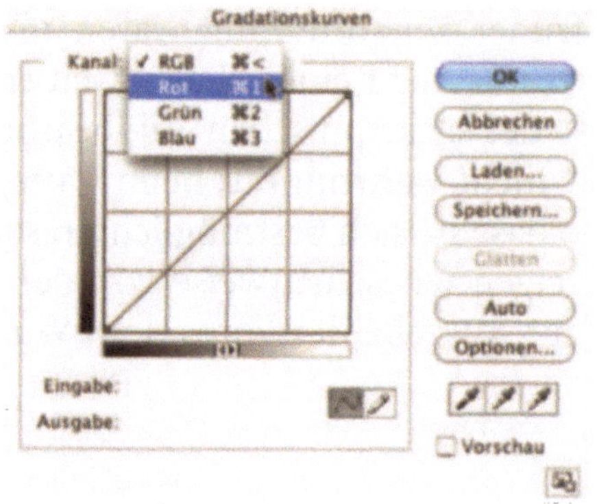

…und der vielfältige.

Sollten Sie allerdings mit den Ergebnissen der Filterfunktionen zufrieden sein, so besteht kein Grund, sich in die tieferen Gefilde der individuellen Parameter zu begeben. Unsere Empfehlung geht deshalb dahin, es zunächst mit den Standard-Filterfunktionen zu probieren und sich dann langsam und schrittweise, je nach Bedarf, in die Feinabstimmung zu begeben.

Im Gegensatz zu den überdeutlichen Effektfiltern wie *Mosaik* ist bei den Bildverbesserungsfiltern eine Aussage über das tatsächliche Druckergebnis oft nur schwierig möglich. Die Monitordarstellung kann sich hier doch ganz erheblich von der Druckerausgabe unterscheiden. Es empfiehlt sich deshalb, bei weniger befriedigenden Aus zunächst einmal mit verschiedenen Werten (beim Scannen, Interpolieren, Bearbeiten, Ausgeben, …) zu experimentieren und so die Rechenverfahren an die eigene Ausgabe bestmöglich anzupassen.

3.1.2 Anmerkungen

In diesem Band sind die notwendigen Schritte und Funktionen anhand des Bildbearbeitungsprogramms Adobe Photoshop erläutert, denn diese Bildbearbeitungssoftware setzt nach wie vor den Standard. Die grundlegende Arbeitsweise aber lässt sich nahtlos auf alle anderen Bildbearbeitungsprogramme übertragen und auch viele der genannten Tipps lassen sich übernehmen.

3.2 Bilddaten vorbereiten

Im ersten Schritt kümmern Sie sich um die Organisation Ihrer Bilddaten. So stellen Sie sicher, dass die unwiederbringlichen originalen Bilddaten ordentlich archiviert und nicht versehentlich überschrieben werden und sorgen gleichzeitig dafür, dass Sie den Überblick über Ihre Arbeitsdateien nicht verlieren. Wissenswertes rund um die Archivierung haben wir in einem eigenen Kapitel *Katalogisieren und Archivieren* weiter hinten zusammengefasst.

Für die eigentliche Bildbearbeitung legen Sie sich ein Arbeitsverzeichnis auf der Festplatte an. Hier hinein kommt eine Kopie (!) des zu bearbeitenden Bildes.

Unterscheiden Sie strikt zwischen Archiv-, Arbeits- und Belichtungsdokumenten: Für die im Folgenden geschilderten Schritte der Bildbearbeitung benutzen Sie immer Ihre Arbeitsdokumente. Diese werden so auch gesichert und gegebenenfalls archiviert. Erst unmittelbar vor der Ausgabe wird das Arbeitsdokument in ein Belichtungsdokument umgewandelt: Die gewünschte Bildgröße und Auflösung für die Ausgabe werden festgelegt, wobei das Bild nötigenfalls auch skaliert wird.

Benennen Sie sowohl Arbeits- wie Belichtungsdokumente sinnvoll und speichern respektive archivieren Sie die Varianten separat.

Durch diese Trennung erreichen Sie, dass Sie einerseits das Bild in bestmöglicher Qualität bearbeiten und andererseits – dann gegebenenfalls skaliert und interpoliert – optimal ausgeben können.

Konvertieren Sie das Bild vor der Bearbeitung in ein verlustfreies Datenformat wie TIFF oder Photoshop (letzteres speichert auch Ebenen, Masken etc. und empfiehlt sich bei Composings). Viele Bilder werden in der Kamera als JPEG abgelegt; das ist eine verlustbehaftete Komprimierung. Belassen Sie es bei dem JPEG-Format (oder jedem anderen, das mit Verlusten komprimiert), dann wird ein bearbeitetes Bild bei jedem Speichern erneut komprimiert und damit Information vernichtet: Das Bild wird immer schlechter. Nicht umsonst findet sich im Sichern-Dialog bei JPEG auch ein Hinweis auf die Qualität (hoch – mittel – niedrig).

Hier im Beispiel sehen Sie das Original und eine Kopie, die dreimal hintereinander als JPEG gesichert wurde. Um den Informationsverlust deutlicher zu machen, wurde dabei jeweils die höchste Komprimierung und damit niedrigste Qualität gewählt:

Original und mehrfach gesichertes JPEG.

Doch auch wenn Sie JPEG immer in hoher Qualität sichern, können Sie diesen schleichenden Prozess der Verschlechterung nicht vermeiden; auch wenn er nicht gleich so offensichtlich wird.

Ausnahme ist das noch nicht allzu weit verbreitete JPEG-2000-Format, das auch in der Lage ist, verlustfrei zu komprimieren und zu speichern.

Der „digitale Workflow" – die Arbeitsorganisation der Bildbearbeitung – sollte in etwa so aussehen:

* Schaffen Sie sich einen Pool für den Originaldatenbestand. Dort wird archiviert, aber keine Datei wird verändert.
* Legen Sie Projektverzeichnisse an, dort hinein werden Rohdaten hinkopiert und dann verändert.
* So könnten Sie beispielsweise für ein Projekt (einen so genannten „Job") ein Verzeichnis „Oma wird 70" anlegen, in das Sie all die Bestandteile (Bilder, Texte, Grafiken, …) kopieren, die dazu gehören. Auch das fertig bearbeitete Bild heißt dann „Oma wird 70".
* Wenn Sie das fertige Bild für spezielle Medien für die Ausgabe modifizieren, dann hängen Sie das an Dateinamen an – zum Beispiel Oma70 18/24_Epson oder Oma70 13/18_Printservice.

Es kann sehr hilfreich sein, mit zwei Kopien zu arbeiten: Beide Bilddateien werden im Programm geöffnet. An der einen manipulieren Sie, die andere liegt als Referenz im Hintergrund und Sie können jederzeit sehr schnell vergleichen, ob beispielsweise Ihre Farbkorrekturen das Bild tatsächlich verbessert haben.

3.3 Bildbeurteilung

Am wichtigsten für die gültige Bildbeurteilung ist ein funktionierendes Farbmanagement. Normalerweise haben die digitalisierten Daten aus Kamera und Scanner ein eingebettetes Profil und das wird auch benutzt: Aus dem Profil der Bilddatei und dem des Monitors kann das Farbmanagement eine Bildschirmdarstellung errechnen, die visuell „richtige" Farben anzeigt und mit der sich verlässlich arbeiten lässt.

Besitzt die Bilddatei kein ICC-Profil, so weist man ihr probehalber unterschiedliche Profile zu *(Bild – Modus – Profil zuweisen)* bis ein „schönes" gefunden ist. Das wird dann mit der Bilddatei verrechnet *(Bild – Modus – In Profil konvertieren)*, so dass sich ab jetzt auch mit dieser Datei farbverbindlich arbeiten lässt.

Nachdem ein Bild in das Bildbearbeitungsprogramm geladen ist, wird es, sofern nötig (Hochformataufnahme), erst einmal gedreht, auf dass es gut zu beurteilen ist. Dann sollten Sie es sich zunächst einmal in Ruhe ansehen und daraufhin überprüfen, was zu tun ist:

- Stimmen Bildausschnitt, Farbe und Schärfe?
- Müssen Beschädigungen, Flecken und Fehler (Kratzer, schiefer Horizont, …) im Foto retuschiert werden?
- Kann und soll die Bildintention durch Manipulationen gesteigert werden?
- Soll das Foto einen zusätzlichen Eye-Catcher, einen Effekt erhalten?

 Bevor Sie langwierig an einem Foto herumbasteln, um Aufnahmefehler zu verbessern: Nehmen Sie es neu und besser auf, sofern die Möglichkeit dazu besteht. Das spart Zeit und Nerven!

3.4 Bildausschnitt

In diesem ersten bildbearbeitenden Schritt wird Unnötiges beschnitten und zudem wird die Bildkomposition – soweit nötig – optimiert. So könnten die bildwichtigen Elemente nach den Regeln des Goldenen Schnitts positioniert oder das Hauptmotiv aus der (langweiligen) Bildmitte heraus auf einen außermittigen Schnittpunkt bewegt werden, um das Foto spannungsreicher zu gestalten.

Bild geradestellen

Wenn ein Bild etwas schief aufgenommen oder eingescannt wurde, wird es zunächst gerade gestellt, dann wird der Bildausschnitt festgelegt. Denn alles, was Sie jetzt schon abschneiden und kleiner rechnen können, spart Rechenzeit. Zudem wirken die folgenden Schritte am endgültigen Bild und können besser beurteilt werden.

1. Ziehen Sie mit dem Messwerkzeug eine Linie über die Kante, die gerade gestellt werden soll.
2. Wenn Sie jetzt den Befehl *Bild – Arbeitsfläche drehen – Per Eingabe* aufrufen, ist die notwendige Rotation schon vorgegeben und kann bestätigt werden.

Im nächsten Arbeitsschritt wird das rotierte Bild mit dem Freistellwerkzeug passend beschnitten.

Bild freistellen

Das Bild kann auch in einem Zug mit dem Freistellwerkzeug sowohl rotiert wie beschnitten werden:

1. Zuerst wird mit dem Freistellwerkzeug ein grobes Rechteck aufgezogen.
2. Dann bewegen Sie den Mauszeiger aus dem markierten Freistellrahmen; er wird zum Drehzeiger. Jetzt können Sie bei gedrückter Maustaste das Rechteck in den gewünschten Winkel rotieren.
3. Die Größe des Rechtecks wird nach dem Rotieren noch feinjustiert.
4. Wenn Sie anschließend in das Rechteck doppelklicken oder die Return-Taste drücken, wird das Bild in einem Zug rotiert und freigestellt.

3.5 Farbraum

Soweit noch nicht beim Öffnen der Bilddatei geschehen (siehe *3.3 Bildbeurteilung)*, bestimmen Sie jetzt das ICC-Profil (in Profil konvertieren), mit dem Sie arbeiten möchten und das für die Farbdefinitionen im gewählten Farbmodell zuständig sein soll. Mit Hilfe der ICC-Profile wird die Bilddarstellung (auf dem Monitor) und die Bildausgabe optimiert.

Im Zweifel erkundigen Sie sich bei Ihrem Dienstleister, wie Sie es mit den ICC-Profilen halten sollen. Drucken Sie selbst aus, so fügt der Druckertreiber das für diesen Drucker bestimmte ICC-Profil in der Regel automatisch hinzu (siehe Optionen im Drucken-Dialog); Sie wählen also das ICC-Profil für die Monitordarstellung oder kalibrieren Ihre Kette erst einmal: siehe *2.5 Farbmanagement.*

Unter http://www.eci.org/deu/index_d.html finden Sie Informationen zum Farbmanagement, dazu viele ICC-Profile, die im speziellen für bestimmte Druckmaschinen und Verlage geeignet sind. Mit ECI-RGB wird aber auch ein sehr brauchbares allgemeines ICC-Profil angeboten, das alle CMYK-Farben einschließt und sich als Arbeitsprofil sehr empfiehlt. 

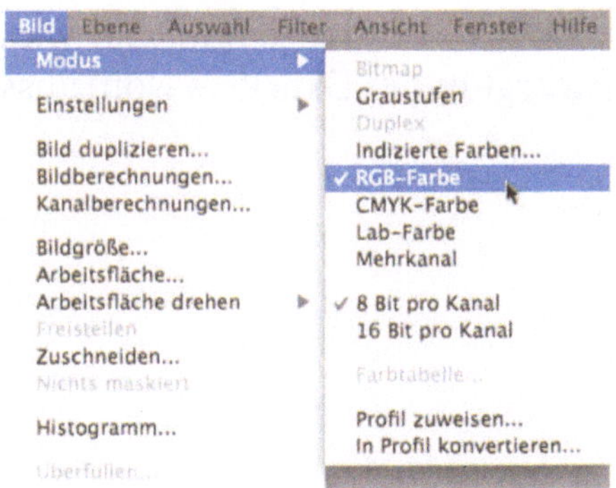

Wahl des Farbraums für die Bildbearbeitung.

Die Bildbearbeitung erfolgt bei Photoshop in aller Regel im Farbraum RGB (vorzugsweise mit ECI-Profil oder eins mit vergleichbar großer Farbraumbeschreibung wie Adobe RGB), denn hier stehen alle Filter und Effekte zur Verfügung.

Sofern nicht standardmäßig vergeben, weist man diesen Farbraum mit dem Befehl *Bild – Modus – RGB-Farbe* zu.

Damit wird dem Bildbearbeitungsprogramm mitgeteilt, welchen Farbraum das Bild benutzen soll. Das gewählte ICC-Profil wiederum bestimmt die darstellbaren Farben eines ganz speziellen Gerätes in diesem Farbraum.

Wobei Photoshop intern den ideal großen Farbraum von CIE-Lab nutzt: Das ist äußerst vorteilhaft, weil die Farbberechnungen in einem geräteunabhängigen Raum und damit in maximaler Qualität erfolgen.

Auf den Lab-Modus wird in all den Fällen umgeschaltet, in denen die Vorzüge dieses Modells ganz gezielt auf die einzelnen Kanäle L-a-b angewandt werden sollen. Die dabei notwendige Farbraumkonvertierung ist auch bei Mehrfachanwendung unbedenklich, da in Lab alle RGB-Farben eingeschlossen sind.

 Vor der Konvertierung in den Lab-Modus sollte unbedingt auf 16 Bit Farbtiefe umgestellt werden, damit es zu keinen Farbwertabrissen beim Hin- und Herkonvertieren kommt.

In den CMYK-Farbraum hingegen wird nur dann und ganz zum Schluss konvertiert, wenn die Fotos für die Druckvorstufe bestimmt sind. Denn bei der Wandlung in den kleineren CMYK-Farbraum treten unweigerlich Farbverluste auf, die sich auch bei einer Rückwandlung nach RGB nicht mehr zurückrechnen lassen.

Deshalb gibt es bei Photoshop die Befehle *Ansicht – Proof einrichten* und *Ansicht – Farb-Proof:* Damit kann man sich ohne tatsächliche Farbraumkonvertierung schon mal vorab anschauen, wie das Ergebnis im Farbraum des Druckers wohl aussehen wird.

3.6 Bildmanipulation

Nun machen Sie sich Gedanken über eventuell notwendige respektive gewünschte Bildmanipulationen. Damit sind größere Eingriffe in die Bilddaten gemeint wie beispielsweise der Einsatz von Effektfiltern. Dieser Schritt ist optional; nicht jedes Bild muss manipuliert werden.

Aus Gründen der Übersichtlichkeit werden die Manipulationsmöglichkeiten hier erst einmal ausgespart: Wir beschreiben in diesem Kapitel den „geraden" Weg zur Optimierung des an sich guten Fotos.

Möchten Sie allerdings umfangreichere Änderungen wie etwa Retuschen, Herausrechnen von Kamera- und Objektivfehlern (Rauschen, Verzeichnung) oder Composings vornehmen, dann finden Sie entsprechende Hinweise im folgenden Kapitel.

An dieser Stelle wäre der richtige Zeitpunkt, sie anzuwenden.

3.7 Tonwertkorrektur

 Mit der Tonwertkorrektur legen Sie die Maximalwerte respektive Eckwerte Ihres Bildes fest. Sie haben dazu drei Stützpunkte (dargestellt als Pipetten und als verschiebbare Dreiecke) für Licht, Tiefe und Mittelton zur Verfügung.

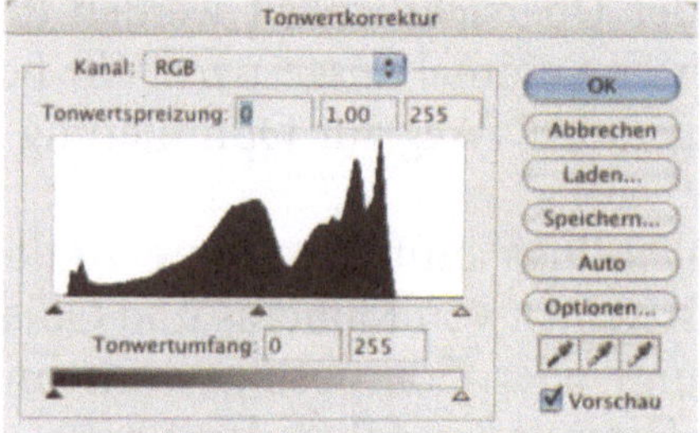

Tonwertkorrektur

Probieren Sie es zunächst ruhig auch mit dem Befehl *Auto-Tonwertkorrektur* unter dem Menü *Bild – Einstellen*. Es ist erstaunlich, was dieser Befehl manchmal zu leisten vermag. Zuweilen allerdings versagt er auch völlig…

Die Bildintention wird sich mit folgenden Vorgehensweisen in jedem Fall genauer verwirklichen lassen:

1. Rufen Sie den Befehl *Tonwertkorrektur* auf und legen Sie die hellste und dunkelste Stelle des Bildes fest; jene Bildteile, die reines Schwarz und Weiß zeigen sollen. Dazu wählen Sie einmal die schwarze und dann die weiße Pipette und klicken in die jeweils hellste beziehungsweise dunkelste Stelle des Bildes. Damit entscheiden Sie über den Tonwert- und Kontrastumfang des Motivs.
2. Mit dem Mittelton wird die optische Dichte bestimmt. Sie legen fest, ob das Bild heller oder dunkler erscheint, ob es freundlicher, leichter, düsterer… wirkt.

Experimentieren Sie ein wenig. Sie werden sehen, dass Sie mit der Pipette vorgeben, wo sich reines Schwarz, Weiß oder der (graue) Mittelton finden sollen (sofern der gesamte Farbkanal gewählt ist) – das restliche Bild ändert sich entsprechend.

Faustregel: Schwarz soll schwarz werden, Weiß weiß. Ein Bild bedarf meist dieser beiden Eckwerte, um optimal ausgegeben werden zu können. Wenn Sie die minimalen und maximalen Dichtewerte des Bildes exakt vorgeben, kann auch der Drucker oder Belichter seine Maximalwerte erreichen. Andernfalls kann das Bild hell und ausgewaschen (zu geringe Maximaldichten) oder dunkel und gedeckt (zu geringe Minimaldichten) ausgegeben werden.

Oft gelingt es, das Bild allein durch Setzen der Stützpunkte für Schwarz und Weiß deutlich zu verbessern. Durch die Anwahl einzelner Farbkanäle – zum Beispiel Rot bei RGB-Darstellung – können Sie auch Licht, Tiefe und Mittelton für eine reine Farbe festlegen.

Genügt das nicht, oder möchten Sie feiner eingreifen, dann hilft das Histogramm, jene grafische Darstellung, die die relative Pixelanzahl für einen Wertebereich angibt. Je höher die Säule bei einem bestimmten Wert ist, um so mehr Pixel haben diesen Wert.

Im Beispiel etwa ist zu erkennen, dass bei diesem Foto im Bereich der Lichter ein erheblicher Teil unbelegt bleibt: Allein durch „Zusammenstauchen" (Verschieben des Lichterreglers) lässt sich der Bildeindruck deutlich verbessern, ohne Zeichnung zu verlieren, denn es werden ja nur die unbelegten Bereiche eliminiert:

Bildoptimierung mit Hilfe der Stützpunkte.

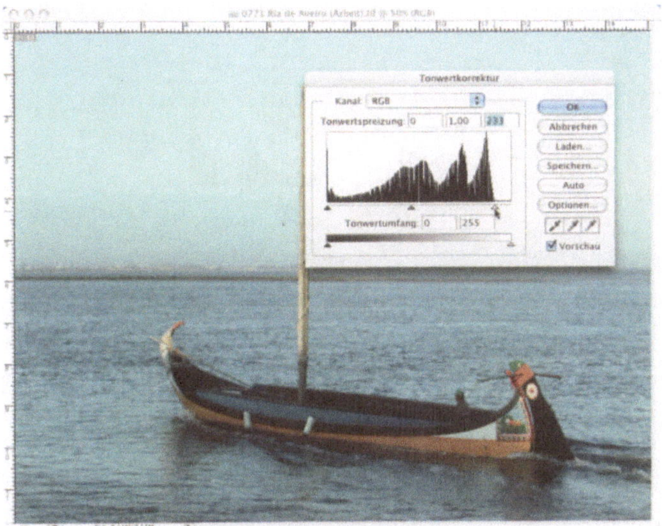

Tonwertoptimierung mit Hilfe des Histogramms.

Mit den dreieckigen Schiebern unter dem Histogramm lassen sich die Eckpunkte für Lichter, Mitten und Schatten verschieben und damit der Tonwertverlauf des Bildes anpassen. Experimentieren Sie auch damit.

Noch genauer lässt sich das Ganze steuern, wenn die Tonwertkorrektur gezielt auf die einzelnen Farbkanäle optimiert wird:

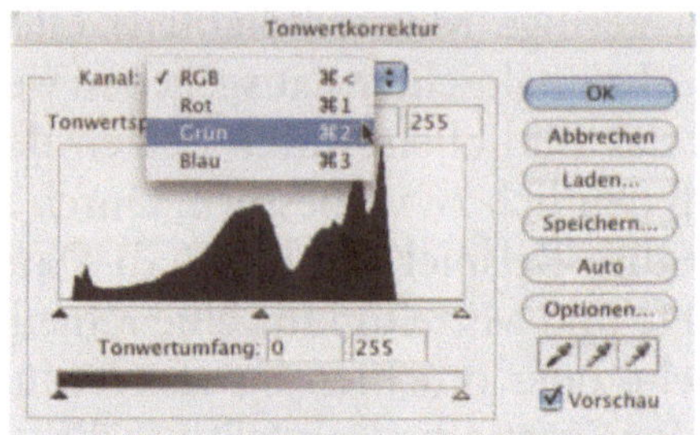

Tonwertkorrektur einzelner Farbkanäle

Photoshop bietet unter dem Knopf *Optionen* genau das automatisiert an; bei anderen Bildbearbeitungsprogrammen und generell zur gezielten Feinabstimmung kann es sich sehr lohnen, die Tonwertkorrektur nacheinander auf die einzelnen Farbkanäle anzuwenden. Das Ergebnis sieht dann etwa so aus:

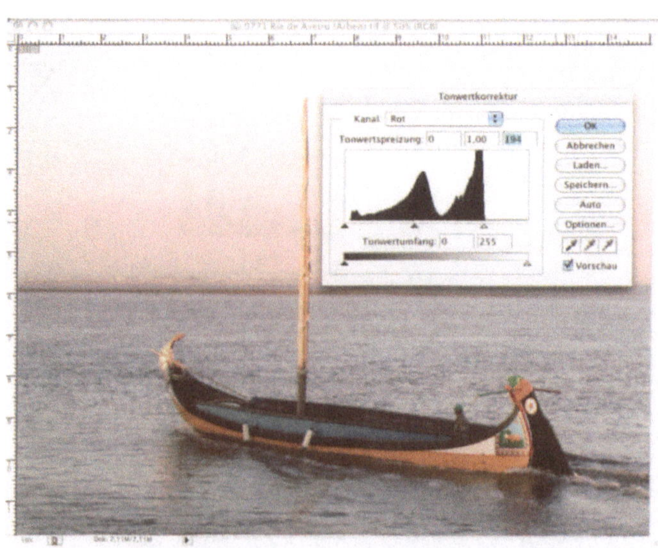

Ergebnis der Tonwertkorrektur

Mit diesem Vorgehen wurden – populär ausgedrückt – die vorhandenen Tonwerte bestmöglich im gegebenen Farbraum verteilt.

3.8 Tonwertverlauf (Gradation)

Mit der Gradationskurve ist eine Manipulation des Tonwertverlaufs innerhalb des Gesamtverlaufs möglich. Hier legen Sie die Tonwertdynamik fest und dabei werden Tonwertwellen mit Abschwächung und Verstärkung erzeugt. Das aber geht immer zusammen, denn wenn Sie an einer Stelle abschwächen, wird woanders verstärkt: Die Stärke des einen ist die Schwäche des anderen!

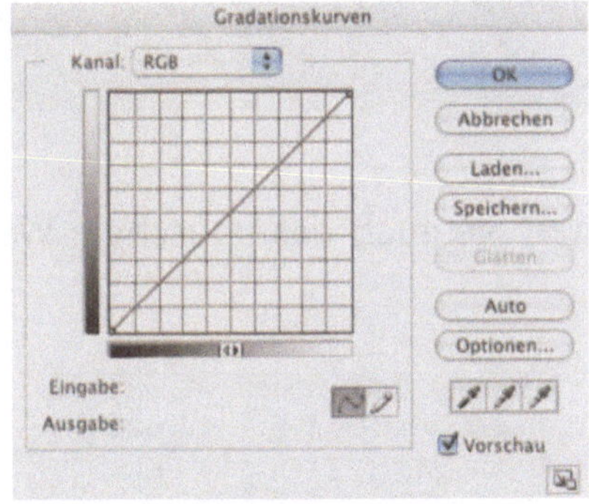

Gradationskurve

Dieses Hilfsmittel sollte nur dann eingesetzt werden, wenn Sie bewusst Tonwertbereiche (in den Viertel-, Dreiviertel- und Halbtönen) verstärken oder abschwächen möchten.

Exakte Korrekturen sind über den gesamten Tonwert- und Farbbereich in kleinsten wie größten Schritten möglich. Ziehen Sie einfach mit der Maus an der Gradationskurve.

Zur besseren Kontrolle empfiehlt es sich, vorher zwei oder mehr Ankerpunkte zu setzen (durch einfachen Mausklick auf die Gradationskurve), damit die Veränderungen sich vorrangig in dem von Ihnen angepeilten Bereich abspielen.

Mit Mausklick bei gedrückter Wahl-Taste in das Gitter ändert sich dessen Größe und damit die Abstufung der Gradationsänderungen.

Wir nutzen die Gradationskurve im Beispielfoto, um die Abendstimmung zu verstärken und dabei das Licht ein wenig mehr glühen zu lassen:

Spielerei mit der Gradationskurve.

Die Gradationskurve legt den Tonwertverlauf fest.

Stattdessen können Sie auch das pauschale Werkzeug *Helligkeit/Kontrast* benutzen:

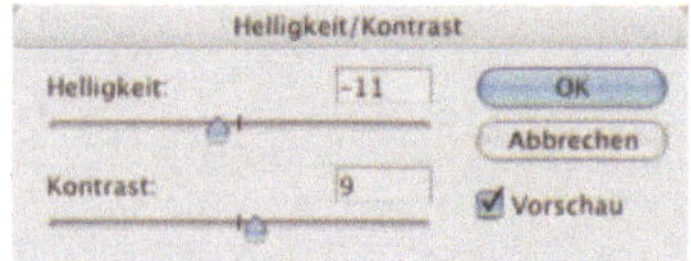

Das ist ein Filter für globale Änderungen, mit dem das gesamte Bild via Komprimierung und Dekomprimierung der Maximalwerte beeinflusst wird. Dabei ist mit einem Tonwertverlust zu rechnen.

3.9 Farboptimierung

Im nächsten Schritt überprüfen Sie die Farbwiedergabe, beseitigen Farbstiche und kräftigen gegebenenfalls die Farbsättigung.

3.9.1 Farbbalance und Farbkorrektur

Wie bei der Tonwertkorrektur haben Sie auch bei der Farbkorrektur drei Stützpunkte.

So, wie bei der Tonwertkorrektur die Helligkeit für Licht, Tiefe und Mittelton festgelegt wird, wird hier die Farbbalance für diese Bereiche korrigiert: Sie legen die allgemeine Farbigkeit des Bildes in Licht und Tiefe fest.

Farbbalance

Im Beispiel haben wir den Tiefen und den Lichtern noch ein wenig Blau mitgegeben, um den Eindruck der „blauen Stunde" zu betonen.

3.9.2 Farbton, Sättigung und Helligkeit

Dieser auch LCH-Korrektur (Luminanz, Chroma, Hue) genannte Befehl stützt sich auf den Farbraum, wie er mit CIE-Lab (siehe *2.3.3 CIE-L*a*b*-Farbmodell*) definiert wird und ist eine schlicht perfekte Art, gezielt Korrekturen ohne Auswirkungen auf andere Parameter vorzunehmen. Er ist zudem sehr anschaulich und hervorragend kontrollierbar.

Vorteil: Der Anwender hat alles im Blick, Korrekturen wirken nur da, wo sie vorgenommen werden und die Gefahr von Tonwertabrissen ist gering.

Beachten Sie bitte, dass Sie hierzu aus dem RGB- in den Lab-Modus konvertieren müssen, sonst wirkt sich der Befehl nur als HSV-Korrektur aus (siehe *2.3.4 HSV-Farbmodell*). Vorher 16 Bit Farbtiefe einstellen, damit die Konvertierung hin und her bestmöglich erfolgt.

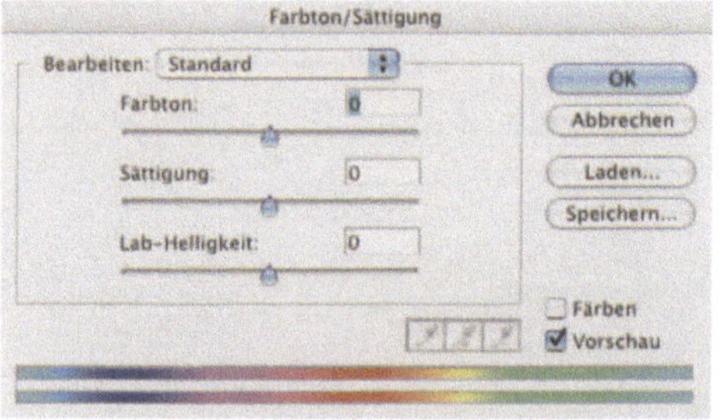

Farbton/Sättigung

Die LCH-Korrektur ermöglicht die Korrektur von Helligkeit, Sättigung und Farbton und das kann entweder für alle Farben insgesamt oder aber auch getrennt und damit exakter für die einzelnen Farbkanäle R-G-B-C-M-Y erfolgen.

Mit der Pipette lassen sich in letzterem Fall auch genauere Farbkanaldefintionen vorgeben, auf die die LCH-Korrektur wirken soll. Die Plus-Pipette erweitert die Farbbereich um die angeklickten Farben; die Minus-Pipette schränkt ihn ein. So lassen sich Farbbereiche sehr exakt für die Manipulation definieren.

Im Gegensatz zur sonst immer zweidimensionalen Bewegung im Farbraum ist sie hier dreidimensional: Normalerweise ändern Sie bei anderen Farbmodellen ein Parameter immer in Abhängigkeit von anderen. Hier ist dem nicht so. Ändern Sie beispielsweise die

Helligkeit, dann wird der gesamte Farbbereich dunkler und keine Teile heller.

Sie können das selbst ausprobieren: Ändern Sie die Helligkeit mit einem anderen Werkzeug, dann ändert sich immer auch die Farbigkeit. Ganz anders, wenn Sie die Lab-Helligkeit ändern: Das Bild „vergraut" oder „verweißlicht" zunehmend, aber an der Farbigkeit ändert sich nichts.

Stellen Sie sich dazu vor, dass Sie sich jetzt tatsächlich in einem dreidimensionalen Farbraum bewegen und dabei für jede Farbe genau den Farbton festlegen können. Zudem entscheiden Sie, ob er hell/dunkel und gesättigt/schwach wiedergegeben werden soll. Nehmen Sie einfach die fragliche Farbe gedanklich an die Hand und bewegen Sie sie dahin, wo Sie sie hinhaben möchten: Das schmutzige Grün der Wiese zu einem reineren Grünton, etwas kräftiger und etwas heller.

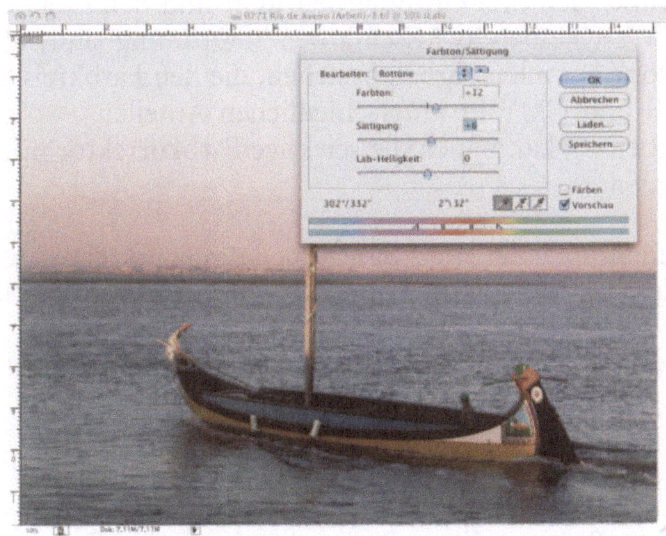

LCH-Korrektur im dreidimensionalen Farbraum.

Wir haben im Beispiel Farbton und Sättigung für Rot und Blau ein wenig und für Gelb kräftiger angehoben, sowie die gesamte Sättigung um ein Weniges verstärkt, um das Leuchten des späten Sonnenlichts zu intensivieren und dem Meeresblau Tiefe zu geben.

3.9.3 Selektive Farbkorrektur

Mit der selektiven Farbkorrektur schließlich können Sie einen ganz speziellen Farbbereich über die Eigenfarbe und die Nachbarfarben hinweg optimieren.

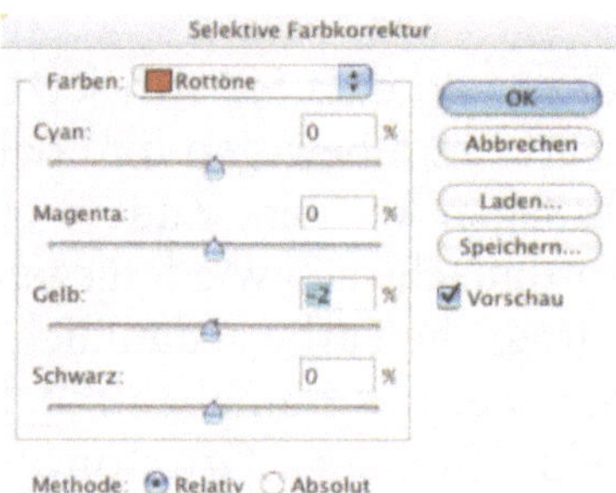

Selektive Farbkorrektur

Weil außer den drei Grundfarben RGB und den drei Sekundärfarben CMY (die bereits Mischfarben 1. Ordnung sind) alle anderen Farbtöne aus allen Farben bestehen, die den Farbkreis beschreiben (RGB und CMY in unterschiedlichen Anteilen – so genannte Tertiärfarben –), kann auch die selektive Farbkorrektur optimal genutzt werden:

- Wählen Sie eine der sechs Basisfarben des Farbkreises an.
- Für diese gewählte Farbe können Sie die Farbmischung korrigieren.
- Gleichzeitig können (und werden) Sie das modulierende Element, den komplementären Anteil, korrigieren.

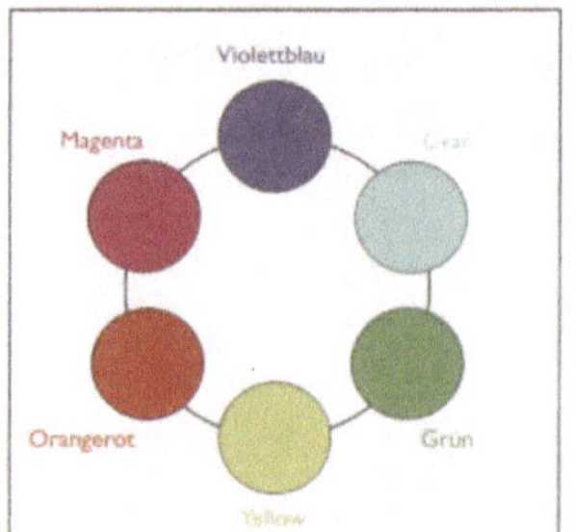

Ein Beispiel: Gelb mischt sich im RGB-Farbmodell aus Rot und Grün. Ein etwas kühles Gelb wird mehr grüne als rote Anteile besitzen. Und die Reinheit dieser Farbe wird durch den Komplementäranteil (in dem Fall Blau) bestimmt – je mehr komplementäre Anteile im Gelb enthalten sind, desto schmutziger wirkt es.

Um also eine Farbe kühler oder wärmer zu halten, werden mit Hilfe der selektiven Farbkorrektur deren Nachbarfarben (respektive das Mischungsverhältnis) korrigiert. Damit die Farbe reiner bzw. unreiner wirkt, wird der komplementäre Anteil beeinflusst.

Um das Prinzip zu verstehen, können Sie sich einmal ein paar mehr oder weniger reine Farbflächen – etwa die aus dem Farbkreis

– im Bildbearbeitungsprogramm aufmalen und dann den Befehl *Selektive Farbkorrektur* aufrufen und die einzelnen Farbtöne durchspielen: Sie erkennen so deutlicher, wie dieser Befehl wirkt.

Es ist tatsächlich die feinste der Farbkorrekturen; deshalb folgt sie hier zum Schluss. Sie kann dem Foto den manchmal entscheidenden Hauch Farbtreue respektive -wirkung verleihen.

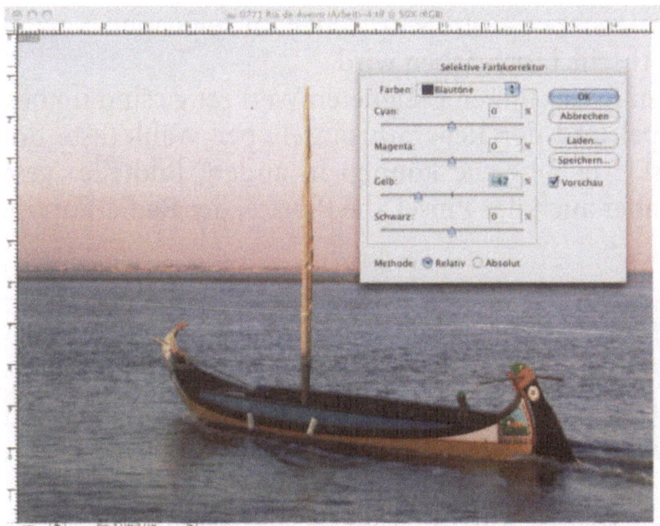

Anwendung der Selektiven Farbkorrektur.

Wir haben uns im Beispiel auf das Blau des Meeres beschränkt und die Blautöne durch Reduzierung des Gelbanteils ein wenig in Richtung Stahlblau bewegt, so dass das Wasser noch glaubhafter wirkt.

3.10 Ausfleckretusche

In diesem Schritt werden Schmutz und Kratzer durch das Umfeld ersetzt. Das wird besonders Scans betreffen; bei digitalen Aufnahmen wird es vor allem darum gehen, störende Elemente durch das Umfeld zu ersetzen – ein Schritt, der im folgenden Kapitel im Abschnitt Retusche beschrieben wird.

Die zum Retuschieren geeigneten Werkzeuge sind im besonderen der Stempel und der Reparaturpinsel (per Wahl-Taste und Mausklick markierte Bereiche können in andere Bildteile „geschmiert" werden), aber auch der Pinsel, die Pipette, der Radiergummi, …

Der Fussel wird mit dem Stempel weggewischt…

Bei Feinarbeiten hilft es, wenn Sie im Menü *Ansicht* den Befehl *Neue Ansicht* wählen. Auf diese Weise sehen Sie dasselbe Bild doppelt, können in x-facher Vergrößerung einige Pixel verschieben und gleichzeitig jederzeit kontrollieren, wie die Änderungen im Maßstab 1:1 wirken.

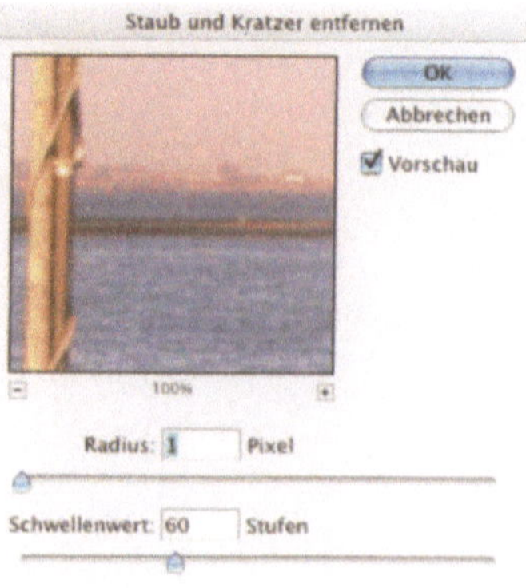

Staub und Kratzer entfernen

Sie können zuerst den Filter *Staub und Kratzer entfernen* (Menü *Filter – Störungsfilter)* über das Bild (oder Ausschnitte davon) laufen lassen. Experimentieren Sie mit den Parametern, damit einerseits möglichst viele Störungen unter den Tisch fallen, andererseits aber nichts Bildwichtiges verloren geht. Das Ergebnis ist aber oft nicht ganz so befriedigend, denn die Kratzer sind zwar weg – die Bildinformation aber auch.

Neben der partiellen Retusche mit dem Stempelwerkzeug ist oft folgendes Vorgehen noch besser:

1. Wenden Sie den Filter *Staub & Kratzer* entfernen mit starker Wirkung auf das komplette Bild an.
2. Wählen Sie das gesamte gereinigte Bild aus und legen Sie diese Auswahl mittels *Bearbeiten – Muster festlegen* auf den Musterstempel.
3. Mit *Undo* kehren Sie zum originalen Bild zurück.
4. Wählen Sie jetzt den Musterstempel als Werkzeug an und stempeln Sie da im originalen Bild, wo Kratzer sind. Je nach gewählter Deckkraft wird das originale Bild an diesen Stellen mehr oder weniger stark durch das gereinigte Bild ersetzt.
5. Im letzten Schritt wählen Sie dann den Befehl *Störungen hinzufügen*, damit das Bild wieder einheitlich wirkt.

Analog lassen sich ausgewählte Bildbereiche – zum Beispiel eine Stück Wiese oder Himmel – auf den Musterstempel legen, um dann unerwünschte Bilddetails zum Verschwinden zu bringen.

Der Stempel kann (wenigstens in Photoshop) von einem Fenster in ein anderes kopieren: Mit Wahl-Klick legt man den zu kopierenden Bereich fest. Sie können so beispielsweise Strukturen in einen Alphakanal kopieren, um anschließend Korrekturen vorzunehmen, aber auch, um surrealistische Effekte zu erzielen.

3.11 Partielle Korrekturen

Die soeben geschilderten Korrekturen lassen sich nicht nur auf das komplette Bild anwenden, sondern wenn vor Befehlsaufruf eine Auswahl getroffen wurde, wirken sie jeweils nur auf den Auswahlbereich.. So können gezielt einzelne Bereiche optimiert werden.

 Lasso, Zauberstab, Kreis- und Rechteck-Markierung sind die Werkzeuge, die hier in Frage kommen. Sie sind einzeln eingesetzt schon sehr hilfreich. Wer sie jedoch geschickt kombiniert, kann schwierigste Markierungen meistern.

Zur Mehrfachauswahl oder zur Erweiterung der Auswahl wird die Shift-Taste gedrückt, um eine vorhandene Auswahl zu beschneiden drückt man die Wahl-Taste.

Bildmanipulationen wirken nur auf die Auswahl.

Wer noch kein Grafiktablett hat, wünscht spätestens jetzt, er hätte eines.

 Die Auswahl kann auch gespeichert werden. Hilfreich, um später weiterzuarbeiten oder auch, um unterschiedliche Korrekturen am selben Bild auszuprobieren.

Wir geben dem Fischer im Boot noch ein wenig Licht. Aber nicht zu viel, sonst wirkt es unnatürlich:

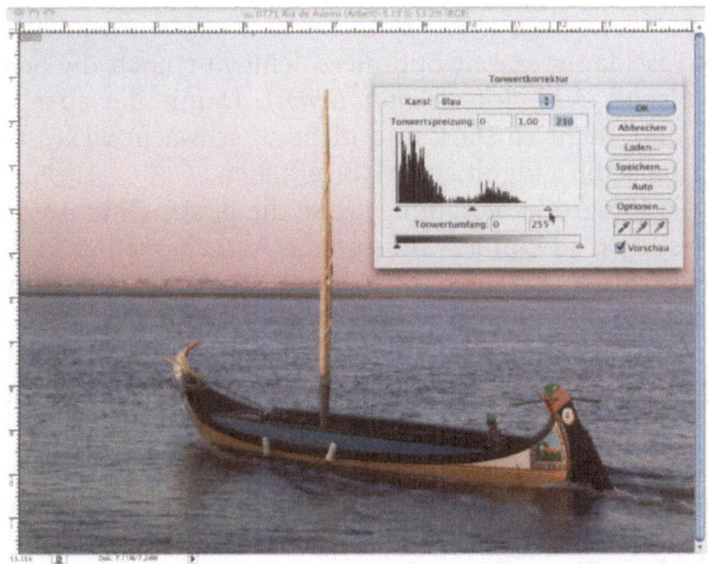

Partielle Korrektur des Auswahlbereichs.

3.12 Bildmaße

Das Foto ist damit soweit optimiert, fehlt nur noch die Schärfung (siehe folgend *3.13 Schärfe optimieren).* Damit die aber optimal greifen kann, nicht zu stark und nicht zu schwach wirkt, sollte das Foto vorher seine endgültigen Maße erhalten.

Um die Bildgröße beziehungsweise die gewünschte Ausgabeauflösung festlegen zu können, müssen das Ausgabemedium respektive die gewünschte Rasterweite feststehen – beachten Sie dazu bitte die Hinweise zur Bildgröße in *5.4 Vorbereitung für die Ausgabe.*

Hier ist es auch an der Zeit, die Arbeitsdatei (nach der Bildgrößenänderung) zu speichern und ein Belichtungsdokument unter neuem Namen anzulegen.

Dem Bild kann nun entweder eine Bildgröße respektive Ausgabeauflösung zugewiesen werden oder es kann skaliert werden. Der Unterschied: Im ersten Fall bleiben die Bilddaten unberührt; im anderen wird das Bild neu berechnet.

Zunächst einmal die Änderung der Bildgröße zur Anpassung an die Ausgabeauflösung:

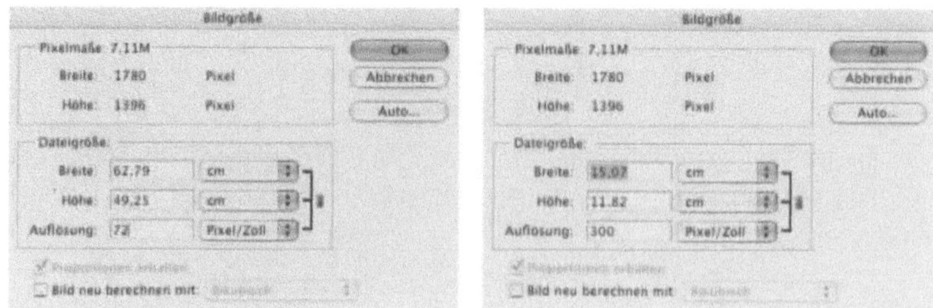

Bildgrößenänderung ohne Neuberechnung

Viele Fotos aus Digitalkameras haben standardmäßig eine Auflösung von 72 dpi zugewiesen erhalten. Das gibt zwar schöne große Fotos (siehe Bildmaße im Dialog links), doch für scharfe Bilder braucht das Ausgabegerät in aller Regel mehr Pixel pro Inch. Im rechten Dialog wurde deshalb die Ausgabeauflösung auf 300 dpi gesetzt. Die Bildmaße schrumpfen, weil jetzt mehr Bildinformationen pro Längeneinheit bereitgestellt werden.

Die Bilddaten wurden allerdings in keinster Weise verändert. Dem Bild wurde lediglich ein neue Information angehängt: „Hallo Ausgabegerät, hole dir bitte pro Ausgabe-Inch 300 Pixel ab, damit du Schärfe und Farbinformation bestmöglich wiedergeben kannst."

Hier ein paar Anhaltswerte für verschiedene Ausgabegeräte; mehr dazu können Sie unter *5.4.3 Von dpi zu lpi* nachlesen:

Druckertyp, Auflösung	Empfohlene Ausgabeauflösung
Tintenstrahl 4c, 600–700 dpi	120–150 lpi
Tintenstrahl 4c, 1000–1440 dpi	180–250 lpi
Tintenstrahl 6c, 1000–1440 dpi	200–300 lpi
Halbtonausgabe, 300 dpi/ppi/lpi	100–300 lpi

Werden hingegen die Bildmaße und/oder die Auflösung geändert und dabei wird die Option *Bild neuberechnen* abgehakt, dann wird skaliert, das heißt, das Bild wird größer oder kleiner gerechnet.

Diese Option wählt man, wenn das Foto in einer bestimmten Größe und Auflösung vorliegen soll: Zum Beispiel im Format 9 x 13 cm bei 200 dpi.

Bei diesem Skalieren werden die Daten interpoliert, das heißt, neu gerechnet. Entweder werden Pixel weggerechnet (Verkleinerung) oder hinzugerechnet (Vergrößerung). Die Algorithmen sind sehr brauchbar und Sie können das Foto auf bis zu 200% bei noch sehr guten Ergebnissen skalieren; saubere Daten respektive eine gute Aufnahmequalität vorausgesetzt. Wenn Sie sich bei der Vergrößerung auf bis zu 150% beschränken, so bedeutet das praktisch keinerlei Qualitätseinbußen. Verkleinern können Sie in jedem Fall unbesorgt.

Beim Skalieren kann zwischen drei verschiedenen Interpolationstechniken gewählt werden:

- Bikubisch: Hier basiert der neu errechnete Pixelwert auf der Analyse der nahe gelegenen und benachbarten Pixel. Ergibt bei Halbtonvorlagen die besten Ergebnisse.
- Bilinear: Der neu errechnete Pixelwert wird nicht ganz so komplex wie bei der bikubischen Interpolation bestimmt und beruht auf dem Durchschittswert der direkt angrenzenden Pixel. Kann leichte Wiederholeffekte zeigen.

- Pixelwiederholung: Sie verdoppelt einfach vorhandene Pixel. Die Methode geht sparsam mit der Rechenzeit um – lässt aber schnell Treppen und Zacken im Bild erkennen.

Hier die drei Interpolationstechniken im Vergleich. Von links nach rechts Pixelwiederholung, bilineare und bikubische Interpolation:

Interpolationsalgorith-
men im Vergleich

Normalerweise benutzen Sie die bilineare Interpolation. Nur in Ausnahmefällen – bei Grafiken und Strichvorlagen – kann es sinnvoll werden, auch einmal die beiden anderen Interpolationsalgorithmen auszuprobieren und sich dann für den zu entscheiden, der die besseren Ergebnisse zeigt.

3.13 Schärfung

Es gibt praktisch kein Bild, das von einem Scanner oder einer digitalen Kamera kommt und auf Anhieb scharf genug wäre. Was analog kaum zu bewerkstelligen ist, das Nachschärfen eines Fotos nämlich, ist digital ein Klacks. Und kann dem Bild genau jenes entscheidende Quäntchen zusätzlicher Wirkung geben, die es dem analogen Foto überlegen macht:

Im Vergleich werden viele das (gekonnt) geschärfte digitale Foto als das „zweifelsfrei überlegene" analoge Foto einstufen – und das analoge fürs digitale halten!

Sofern Sie noch ein Composing oder eine Bildretusche planen, verzichten Sie zunächst auf das Schärfen. Schlagen Sie vorher im folgenden Kapitel nach – beziehungsweise retuschieren und manipulieren Sie – und schärfen Sie das Bild erst direkt vor der Ausgabe. 

Beachten Sie beim Schärfen auch folgende Dinge, die es zu überprüfen und abzugleichen gilt:

- Wurde bereits bei der Digitalisierung geschärft? Besonders digitale Kameras machen das gern; aber auch der Scanner(-treiber) – falls möglich, schalten Sie die Schärfung bei der Aufnahme ab.
- Wird beim Ausdrucken geschärft? Viele Druckertreiber schärfen das Ergebnis automatisch bei der Ausgabe. Die entsprechende Option – so sie wählbar ist – sollte sich im Drucken-Dialog präsentieren.

Generell gilt, dass Sie die automatischen Schärfungsfunktionen am besten ausschalten und selbst kontrolliert und nachvollziehbar in der Bildbearbeitung schärfen. Ist das – bei einem Druckertreiber zum Beispiel – nicht möglich, dann geben Sie zunächst einmal testhalber das Foto aus (ohne in der Bildbearbeitung nachzuschärfen), das nun bei der Ausgabe automatisch geschärft wird. Prüfen Sie, ab das nicht schon ausreicht. Nachgeschärft wird nur, wenn Ihnen das Ergebnis nicht gefällt.

Aber, das sei nochmals betont, der bessere Weg geht immer über die kontrollierte Schärfung in der Bildbearbeitung bei Abschaltung aller automatischen Schärfungsfunktionen.

Beachten Sie beim Schärfen Folgendes:

- Zu starke Schärfung wird an einer überstarken Konturierung sichtbar, es entstehen Säume.
- Die Schärfung sollten erst am Ende des gesamten Bildbearbeitungsprozesses eingesetzt werden.
- Beurteilen Sie die Filterwirkung im Maßstab 1:1.
- Je gröber das Druckraster und je größer der Betrachtungsabstand, um so stärker darf das Filter eingesetzt werden.

Für den Schärfeeindruck ist ganz besonders der Grünkanal des Bildes verantwortlich. Wenn Sie in den RGB-Modus schalten und dann lediglich den Grünkanal schärfen, erhalten Sie Bilder, die scharf, in der Summe aber glatter, wirken als eine Gesamtschärfung der RGB-Kanäle.

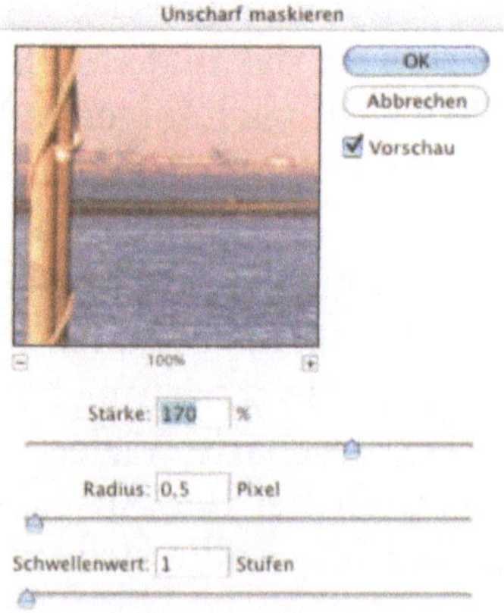

Unscharf maskieren

Die besten Resultate, um ein Bild zu schärfen, erhalten Sie mit dem Filter *Unscharf maskieren*. Damit wird der Kontrast im Detail erhöht, um so einen höheren Schärfeeindruck zu erzielen.

Der Begriff Unscharf-Maskierung ist zunächst einmal unverständlich, denn im Gegensatz zu dem, was man vermuten würde, wird das Bild damit nicht unschärfer, sondern schärfer. Die Namensgebung erklärt sich aus dem Rechenprinzip dieses Filters:

Zunächst werden die Kontraststufen unscharf gezeichnet. Werden nun die Tonwerte dieser Kopie von denen des Originals subtrahiert, so ergibt sich eine Reihe positiver und negativer Tonwerte, aus denen sich eine Scharfzeichenmaske errechnen lässt. Die Maskenwerte werden nun zum Original addiert. Damit werden die Kanten entweder heller oder dunkler akzentuiert. Durch diese Kontraster- höhung an den Kanten wirkt das Bild schärfer.

Mit der Schärfung ist das Foto fertig.

Verwenden Sie ruhig einen halben Tag Zeit, um sich mit der Ar- beitsweise vertraut zu machen. Das Ganze ist nicht so offensichtlich, wie es aussieht. So kann zum Beispiel bei gewissen Bildern eine bes- sere Schärfung erzielt werden, wenn Sie den Filter ein wenig schwä- cher einstellen, dafür aber mehrmals nacheinander anwenden.

Damit sollte Ihr Foto optimiert sein und Sie können es ausgeben.

3.14 A/B-Vergleich

Hier noch einmal das Original, wie es aus der Kamera kam und dazu das optimierte Endergebnis:

Originalaufnahme

Nach der Bearbeitung

3.15 Softproof

Der Standard-Arbeitsfarbraum für digitale Fotos ist RGB und in der Mehrzahl aller Fälle verbleibt das Bild auch in diesem Farbraum. Sowohl bei der Ausgabe auf Tintenstrahldrucker wie auch bei der Weitergabe an einen Belichtungsservice (Printservice) müssen Sie nichts mehr weiter tun.

Lediglich, wenn das Bild für die Druckvorstufe bestimmt ist, muss es in den CMYK-Farbraum konvertiert werden, wobei der größere RGB-Farbraum in den kleineren CMYK-Farbraum umgerechnet wird.

Bevor Sie das Bild verlustbehaftet in dieses Farbmodell umrechnen, können und sollten Sie mit einem so genannten „Softproof" direkt am Bildschirm beurteilen, ob es auf dem gewählten Ausgabegerät gut wiedergegeben wird. Prüfen Sie insbesonders, ob die Bildästhetik dem entspricht, was Sie sich erwarten.

Hinweise zur Durchführung des Softproofs finden Sie unter *5.4.1 Softproof.*

3.16 Fotos ausgeben

Die vor Festlegung der Bildgröße gespeicherte Arbeitsdatei (*siehe 3.12. Bildgröße*) ist Ausgangspunkt für die Übergabe an andere Programme, den Printservice oder den Drucker und kann in mehrfacher und vielfältiger Weise dienlich sein:

- Öffnen Sie eine Kopie.
- Legen Sie dieselben Proportionen fest, wie sie das Ausgabemedium hat.
- Legen Sie die Ausgabe-Bildgröße und Ausgabe-Auflösung für das gewünschte Ausgabegerät fest (Drucker, Belichter).
- Schärfen Sie das Bild.

Hier wird es notwendig, dem Bild seine endgültigen Daten hinsichtlich Bildgröße und Ausgabeauflösung mitzuteilen. Speichern Sie diese Datei als separate Ausgabedatei – zum Beispiel unter „Diana im Regen, 12.3.03, für Epson 990".

Kapitel 4

Bildmanipulation

4.1 Aufnahmefehler eliminieren

Wie bereits im vorigen Kapitel angeklungen, ist das digitale Bild gewissermaßen Wachs in Ihren Händen beziehungsweise in der Bildbearbeitung. Die dort geschilderte Optimierung von Helligkeit, Kontrast und Farbe gehört dabei zu den Standardarbeiten, die jedem Foto gut tun.

Darüber hinaus geht aber noch viel mehr und einer der Vorzüge der digitalen Bildbearbeitung ist, dass sich allfällige Aufnahmefehler vergleichsweise einfach und zudem spurlos korrigieren lassen.

Bildmanipulationen führen Sie bitte – zusätzlich zur Standardoptimierung – auf jeden Fall vor der Schärfung des Bildes aus. Siehe auch *3.6 Bildmanipulation*.

4.1.1 Optische Verzeichnung

Weitwinkelbrennweiten neigen zu Verzeichnungen, Zoomobjektive auch. Besonders anfällig ist demzufolge die Weitwinkeleinstellung eines Zoomobjektivs:

Verzeichnung: Man beachte den Poolrand.

Gerade im Bereich der preiswerten sowie der extremen Zoomobjektive (mit großem Brennweitenbereich) sind tonnen- oder kissenförmigen Verzeichnungen nahezu unvermeidlich. Oft ist sogar zu beobachten, dass am einen Ende des Brennweitenbereichs tonnenförmige, am anderen kissenförmige Verzeichnungen auftreten (was wiederum bedeutet, dass es auch eine Brennweiteneinstellung gibt, die nahezu verzeichnungsfrei ist).

Mit Hilfe geeigneter Rechenprogramme wie zum Beispiel den Panorama Tools lassen sich diese Verzeichnungen aus dem Bild herausrechnen:

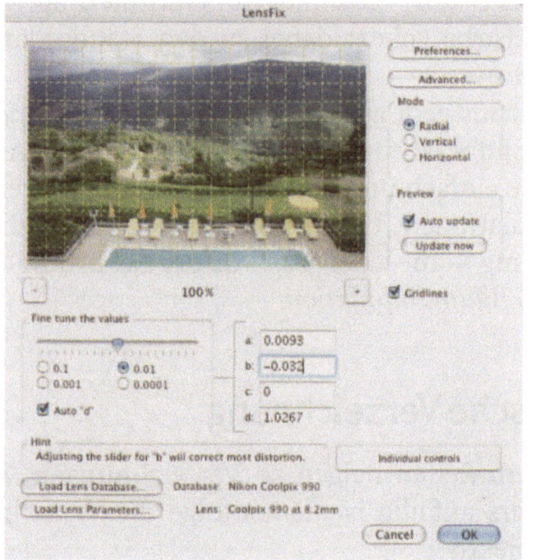

Korrektur der Verzeichnung mit den Panorama Tools.

Das Ergebnis kann sich sehen lassen:

Nach der Korrektur.

Je nachdem, welches Tool Sie benutzen, werden Sie bestimmte Parameter einstellen müssen. Beginnen Sie mit den Werten, wie sie in der Anleitung genannt sind und tasten Sie sich dann an die optimalen Werte heran.

Manche Programme bringen auch eine Datenbank mit den Verzeichnungsparametern der gängigsten Kameras mit: In dem Fall müssen nur Kameramodell und Brennweite ausgewählt werden, den Rest macht das Programm.

Sofern die Parameter selbst ermittelt werden müssen, fällt diese Arbeit nur einmal an: Das Objektiv verzeichnet immer gleich und wenn die richtigen Einstellungen einmal gefunden sind, können sie immer verwendet werden.

Beachten Sie dabei aber, dass ein Zoomobjektiv über den Brennweitenbereich unterschiedlich verzeichnet; Sie müssen also für unterschiedliche Brennweiteneinstellungen auch unterschiedliche Parameter ermitteln und eingeben. Wer es besonders genau machen möchte, bestimmt die Parameter auch für unterschiedliche Entfernungseinstellungen.

4.1.2 Perspektivische Verzeichnung

Ein anderer Aufnahmefehler, der sich nicht immer vermeiden lässt, betrifft die stürzenden Linien. Auch sie lassen sich korrigieren.

Geeignete Hilfen wie die Panorama Tools oder ImageAlign ersetzen in Grenzen ein Shiftobjektiv, denn sie begradigen die Linien. Dabei treten allerdings je nach Stärke der Korrektur mit mehr oder weniger deutliche Proportionsänderungen auf.

Steht so ein Spezialprogramm nicht zur Verfügung, so kann man ebenso gut auf die in vielen Bildbearbeitungsprogrammen eingebauten Hilfen zurückgreifen. Hier der Vorgang beispielhaft mit Photoshop erläutert:

1. Foto öffnen, Bildausschnitt festlegen und nötigenfalls Horizont gerade stellen (siehe *3.4 Bildausschnitt*).
2. Ansicht so einstellen, dass Platz bleibt für das Aufziehen des Bildes. Gitterraster einschalten *(Ansicht – Einblenden – Raster)* und alles auswählen *(Befehl-A)*.
3. Mit dem Befehl *Bearbeiten – Transformieren – Perspektivisch verzerren* werden die Senkrechten gerade gestellt:

In die Breite…

4. Meist empfiehlt es sich, anschließend die gestauchten Proportionen mit dem Befehl *Bearbeiten – Transformieren – Verzerren* wieder ein wenig zu verlängern. Dazu wird zunächst die Arbeitsfläche vergrößert, damit dafür genügend Platz ist.

…und in die Höhe.

Und hier das Ergebnis:

*Ergebnis der
Perspektivkorrektur.*

Sofern das Foto nach diesem Bearbeitungsschritt fertig ist: Vergessen Sie nicht, abschließend unscharf zu maskieren.

4.1.3 Vignettierung

Vignettierungen – Abschattungen im Bildrandbereich – können zwei Ursachen haben: Entweder handelt es sich um die Abschattung eines ins Bildfeld ragenden Gegenstandes wie zum Beispiel einer Sonnenblende oder einer Filterfassung. Oder aber der Randlichtabfall des Objektivs ist so deutlich, dass er sichtbar wird. Beide Arten treten besonders häufig bei Weitwinkelbrennweiten auf.

Die einfachste Art der Korrektur besteht darin, das Foto ein wenig zu beschneiden, um die Bildränder samt Lichtabfall zu eliminieren. Da die Vignettierung meist nur in den äußersten Ecken sichtbar ist, wird wenig genug beschnitten.

Sollte das nicht gewünscht sein, so kann man entweder auf Hilfsprogramme oder Plug-Ins zurückgreifen, die die Vignettierung herausrechnen. Es geht aber auch in Selbsthilfe:

1. Legen Sie ein Bild in Größe der Kameraaufnahme an. Darin erstellen Sie einen radialen Verlauf, den Sie stark weichzeichnen. Das Ergebnis soll etwa so aussehen:

Verlaufsmaske

2. Markieren Sie das komplette Bild *(Befehl-A)* und kopieren Sie die Maske (nichts anderes soll das neue Bild sein) in die Zwischenablage.

3. Wechseln Sie zum Foto. Dort wird das Bild eingesetzt und erhält automatisch eine neue Ebene zugewiesen. Wählen Sie in der Ebenen-Palette den Modus *Farbig abwedeln* und tarieren Sie Werte für Deckkraft und Fläche aus:

Ebenenmischung

Das Ergebnis sieht dann etwa so aus:

*Kontra Vignettierung:
Vorlage und Ergebnis*

Das geschilderte Verfahren klingt recht kompliziert. Hat man sich aber erst einmal mit der Verfahrensweise vertraut gemacht, dann läuft es auf nicht viel mehr ein paar Mausklicks hinaus und die Vignettierung ist innerhalb einer Minute verschwunden.

4.1.4 Rote Augen

Das Entfernen roter Augen – genauer der hässlichen roten Pupillen – gehört heute zu den Standardwerkzeugen einer jeden Bildbearbeitung. Bereich auswählen, Befehl aufrufen, fertig.

Es geht aber auch ganz schnell ohne Spezialbefehl:

1. Bereich auswählen.
2. Den Befehl *Farbton/Sättigung* aufrufen, auf Rotkanal umstellen und dann die Sättigung verringern, bis der Effekt verschwunden ist.

4.1.5 Bildrauschen

Bei hoher Empfindlichkeitseinstellung und/oder langen Belichtungszeiten neigen alle digitalen Kameras zu mehr oder weniger hohem Rauschen, das sich vor allem in den dunklen Bildpartien durch „aufgerauhte" Flächen und falsche Farbpixel zeigt.

Soll das Bild für den Ausdruck allerdings sowieso stark verkleinert werden, muss man sich über das Rauschen keine Gedanken machen, weil es mit Änderung der Bildgröße von alleine verschwindet.

Andernfalls lässt sich das Bildrauschen auch wegfiltern, wobei auszuprobieren ist, ob die Bildmanipulation auf die dunklen Bereiche (in denen das Rauschen auftritt) beschränkt bleiben sollte, oder besser auf das gesamte Bild wirkt:

1. Wählen Sie über *Auswahl – Farbbereich auswählen* die dunklen Bildteile aus.
2. Probieren Sie die folgenden Filter aus dem Menü *Filter – Störungsfilter* aus und verwenden Sie den wirksamsten oder auch eine Kombination: *Staub & Kratzer entfernen, Störungen entfernen* sowie *Helligkeit interpolieren.*
   Probieren Sie alternativ, dieselben Manipulationen auf alle Farbbereiche anzuwenden.
3. Mit dem Gaußschen Weichzeichner können aufgerauhte Flächen dann noch weiter geglättet werden.
4. Abschließend durchläuft das Bild die ganz normale Optimierungskette mit Ton- und Farbwertkorrektur und Schärfung.

Hier das Ergebnis aus der Bildbearbeitung:

Links Original, rechts das verbesserte Bild.

Ein anderer Ansatz geht über die Ebenenverwaltung: Das Foto wurde in eine neue Ebene kopiert und dort mit dem Filter *Sonstige Filter – Dunkle Bereiche vergrößern* so verändert, dass die dunklen Flächen geschlossen erscheinen. Die deutliche Vergröberung des Bildes stört dabei nicht, denn die Ebene wird mittels *Farbig nachbelichten* in das Original gerechnet und die Wirkung kann dabei über Schieberegler für Deckkraft und Transparenz gesteuert werden:

Entrauschen per Ebenenmanipulation

Wer oft im Langzeitbereich fotografiert, kann auch auf spezielle Filter und Utilities zurückgreifen, die sich Noise Reduction, Denoiser, Neat Image und ähnlich nennen und mit deren Hilfe sich die Ergebnisse schnell sichtlich verbessern lassen.

4.2 Retusche

Die grundlegenden Techniken haben wir bereits im vorangegangenen Kapitel unter *3.10 Ausfleckretusche* geschildert. Dort ging es im Wesentlichen darum, Schmutz und Beschädigungen zu reparieren, wie sie typischerweise bei einem Scan auftreten. Bei digitalen Aufnahmen dagegen wird es vor allem darum gehen, störende Elemente durch das Umfeld zu ersetzen.

Aber auch die bei der Bildoptimierung geschilderten Schritte können als erste Retuschewerkzeuge eingesetzt werden: Über die Farbabstimmung beispielsweise können Sie dem Bild einen kälteren oder wärmeren Anstrich verleihen, können die frühmorgendliche Aufnahme in eine spätnachmittägliche verwandeln. Oder Sie verpassen sich auf den Urlaubsfotos eine stärkere Bräunung.

Alte Aufnahme des Café Roma, München Retusche: Reger Studios, München

Die zum Retuschieren geeigneten Werkzeuge sind im Besonderen der Stempel und der Reparaturpinsel (per Wahltaste Mausklick markierte Bereiche können in andere Bildteile kopiert werden), aber auch Pinsel, Pipette, Radiergummi, …

Besonders elegant geht es, wenn ausgewählte Bildbereiche auf den Musterstempel gelegt werden, um unerwünschte Bilddetails zum Verschwinden zu bringen:

1. Wählen Sie signifikante Teile des Bildes – eine Wiese, ein Stück Himmel, … – aus und legen Sie diese Auswahl per *Bearbeiten – Muster festlegen* auf den Musterstempel.
2. Wählen Sie den Musterstempel als Werkzeug an und stempeln Sie da im originalen Bild, wo Bildteile wegretuschiert werden sollen. Je nach gewählter Deckkraft wird das originale Bild an diesen Stellen mehr oder weniger stark ersetzt.
3. Wählen Sie abschließend den Befehl *Störungen hinzufügen*, damit das Bild wieder einheitlich wirkt.

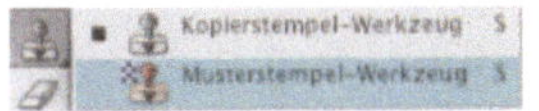

Darüber hinaus sind weitergehende Retuschen an einem Bild denkbar und machbar. So kann beispielsweise bei einer Person die Haut geglättet, unschöne Pickel entfernt oder mehr Leuchtkraft in die Augen gebracht werden.

In Landschaftsaufnahmen können störende Elemente wie zum Beispiel der Schatten des Fotografen oder eine unerwünschte Stromleitung im Bild recht schnell und einfach entfernt werden. Letztlich kann jedes Bildelement, das nicht gefällt, geändert oder entfernt werden. Wird das gekonnt gemacht, bleiben von dieser Nachbearbeitung keinerlei Spuren zurück.

4.2.1 Selektionen

Saubere Selektionen sind das A und O der Bildretusche, denn so können Sie den Bereich, in dem eine Retusche wirken soll (oder auch nicht – Auswahl umkehren!) genau definieren. Photoshop bietet vier Werkzeuge: Lasso, Zauberstab, Kreis- und Rechteck-Markierung. All diese Werkzeuge sind einzeln eingesetzt schon sehr wirkungsvoll. Und geschickt kombiniert lassen sich auch komplizierte Auswahlen realisieren. Hier die wichtigsten Kürzel, die für alle Markierungswerkzeuge gelten:

- Bei gedrückter Shifttaste wird zur markierten Auswahl ein Bereich hinzugefügt, auch wenn er nicht mit der ursprünglichen Auswahl zusammenhängt.
- Bei gedrückter Wahltaste wird die neu gewählte Fläche von der bereits erstellten Markierung abgezogen.
- Bei gedrückter Befehlstaste wird die Auswahl samt Inhalt verschoben.
- Wenn Sie beim Verschieben die Befehl- und die Wahltaste drücken, bleibt der Inhalt der Selektion als Duplikat stehen.
- Diese Techniken funktionieren auch kombiniert. Sie können beispielsweise mit dem Rechteck einen Bereich markieren. Wenn Sie anschließend die Befehlstaste drücken und mit dem Zauberstab in die Markierung klicken, wird die Auswahl wieder verkleinert.
- Selektionen lassen sich bei Bedarf mit dem Befehl Auswahl umkehren ins Gegenteil verkehren: Aktiviertes wird deaktiviert, Deaktiviertes wird aktiviert.

Eine solchermaßen getroffene Auswahl lässt sich dann auch speichern und jederzeit wieder laden.

4.2.2 Fotos restaurieren

Alte analoge Fotografien, seien das nun Dias, Negative, Schwarzweiß- oder Farbbilder, leiden im Laufe der Zeit. Bei alten Schwarzweißbildern sind vor allen Dingen Brüche in der Emulsion, Knicke, Verfärbungen und Flecken zu beobachten. Meist sind also mechanische Beschädigungen zu beseitigen.

Farbdias und -negative, aber auch Farbbilder, zeigen zudem Farbveränderungen. Obwohl die Farbfotografie erst seit den siebziger Jahren (des 20. Jahrhunderts) auf breiter Front eingesetzt wird (Farbdias können auch schon älter sein), sind die Farbbilder aus dieser Zeit oft ausgeblichen oder zeigen deutliche Farbstiche.

Ähnliches gilt für alte Farbdias, die heutigen Ansprüchen hinsichtlich der Farbsättigung nicht mehr zu genügen vermögen. Darüber hinaus sind auch hier nicht selten Farbstiche zu beobachten.

All diese Fotografien können – sowie sie per Kamera, Scanner oder Photo CD digitalisiert wurden – deutlich aufgewertet und verbessert werden. Die entsprechenden Werkzeuge haben Sie bereits kennen gelernt – siehe auch voriges Kapitel. Hier noch einmal die grundsätzlichen Schritte:

1. Optimierung des Bildausschnitts:

2. Korrektur der Tonwerte und des Tonwertverlaufs (Gradation):

3. Optimieren der Farbe:

4. Soweit notwendig, Ausfleckretusche.

5. Festlegen der Bildgröße und Optimieren der Schärfe:

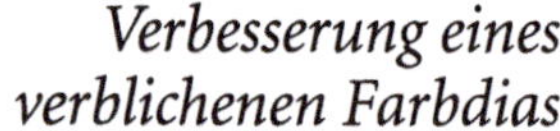

*Verbesserung eines
verblichenen Farbdias*

4.3 Effekte und Filter

Hier trifft und übertrifft die digitale die analoge Fotografie. In der analogen Fotografie müssen Farb- und Effektfilter oft schon bei der Aufnahme benutzt werden, sofern ein bestimmtes Resultat erwünscht ist. Andere Effekte lassen sich auch nachträglich respektive ausschließlich beim Vergrößern im Fotolabor erzielen. Die digitale Fotografie hat es hier viel einfacher, denn Sie können sowohl Aufnahme- wie Laborfilter auf das digitale Bild anwenden.

Der Vorteil: Die Originaldatei respektive das Originalbild bleiben unverändert in bestmöglicher Qualität erhalten und die unterschiedlichsten Filter und Effekte lassen sich unbeschwert ausprobieren. So können Sie beispielsweise Weichzeichnung, Verwacklung oder das Mitziehen während der Aufnahme nachbilden, einen Fisheye-Effekt über das Bild legen oder den Hintergrund unscharf stellen. Auch Labortechniken wie beispielsweise die Tontrennung sind problemlos möglich.

Kurz, Sie finden hier viele Filter und Effekte, die Ihnen bereits aus der analogen Fotografie bekannt sind, dazu aber auch völlig neue. Dazu ein paar Tipps:

- Schönere Effekte lassen sich oft erreichen, wenn Sie den Filter nicht direkt anwenden, sondern in einer weiteren Ebene. In dem Fall lassen sich unverändertes und gefiltertes Bild vielfältig mischen: Legen Sie eine neue Ebene an und kopieren Sie das Bild dorthin. Dann wird ein Filter mit im Vergleich zu sonst sehr starker Wirkung angewandt. Via Deckkraft und Transparenz kann die Filterwirkung bei exakter Bildkontrolle feinstufig auf das Originalbild angewandt werden. 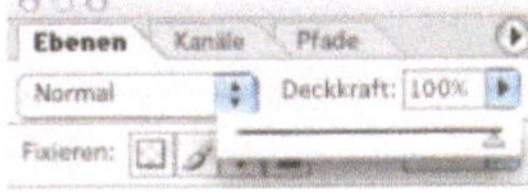
- Effekte nutzen sich schnell ab. Setzen Sie sie mit Bedacht ein.
- Selten wird ein schlechtes Foto dadurch besser werden – die gute Vorlage ist immer vorteilhaft.
- Wenden Sie die Effekte auch mal nach dem Motto „Sekt oder Selters" an: Wenn Sie eine schwache Vorlage in niedriger Auflösung vor sich haben, dann betonen Sie gerade das, spielen Sie mit den deutlich sichtbaren Pixeln. Ist die Farbwiedergabe nicht op-

timal, dann übertreiben Sie die Farben einmal in Richtung Verfremdung. Und so weiter, und so fort.

4.3.1 Filteralbum

Hier ein paar der Filter, die Photoshop und andere Bildbearbeitungsprogramme bieten, in einer Übersicht; ein kleines Filteralbum sozusagen, zur Anregung. Hier zunächst das unmanipulierte Bild:

Im Folgenden ein paar Bildberechnungen; links jeweils die Dialogbox, aus der Sie den Filter und die Einstellungen ablesen können, rechts das Ergebnis:

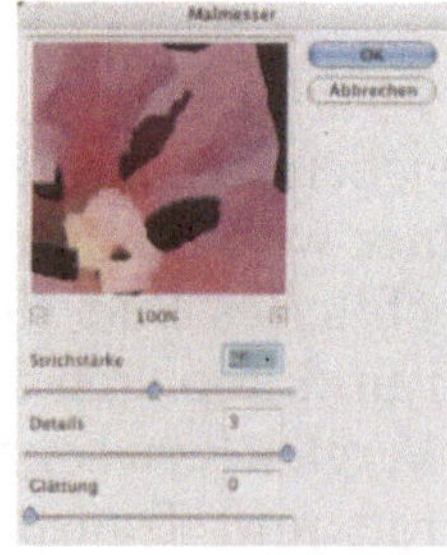

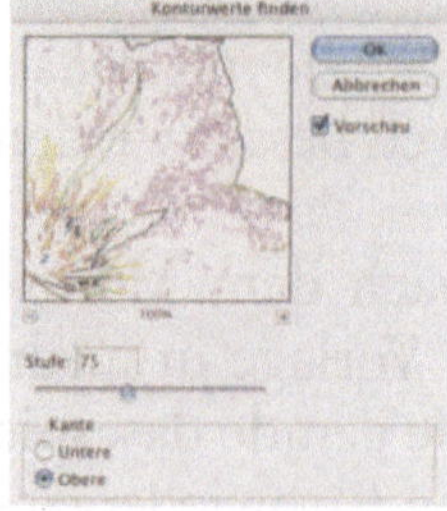

Was hier nur angerissen werden kann und soll, mag Ihnen Anregung sein, einmal alle Filter durchzuprobieren und sich vielleicht sogar tatsächlich ein Filteralbum zur Referenz anzulegen. Auf die Art und Weise geraten auch die seltener gebrauchten Filter nicht in Vergessenheit.

4.3.2 Graustufen

Schwarzweißbilder, Schwarzweißporträts zumal, haben eine ganz eigene und zeitlose Wirkung und eine der schönsten und am meisten benutzten Manipulationsmöglichkeiten ist deshalb die Umwandlung eines Farbbildes in Graustufen.

Jede Bildbearbeitung bietet dazu den entsprechenden Befehl, in Photoshop beispielsweise finden Sie ihn unter *Bild – Modus – Graustufen*. Mit diesem Befehl wird das Bild sofort in Graustufen umgewandelt.

Dieser Befehl ist für den, der schnell und unkompliziert brauchbare Ergebnisse erzielen möchte, die er gegebenenfalls noch per Tonwertkorrektur und Tonwertangleichung korrigieren kann.

Das optimierte Farbbild ist auf jeden Fall die bessere Vorlage. Bearbeiten Sie deshalb zunächst das Farbfoto, denn so lange noch alle (Farb-) Informationen vorhanden sind, können Bild und Bildbereiche (wie zum Beispiel die Farbkanäle) exakter erfasst und beeinflusst werden.

Mit dem Kanalmixer kann ein Graustufenbild deutlich feinfühliger und exakter erstellt werden. Wählen Sie dazu den Befehl *Bild – Einstellen – Kanalmixer* in Photoshop respektive den entsprechenden Befehl in Ihrer Bildbearbeitung:

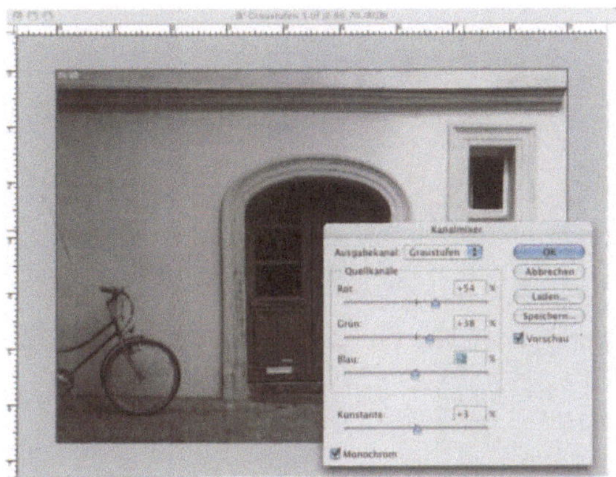

Im Dialogfeld können Sie auf *Monochrom* umschalten und dann die Gewichtung der einzelnen Farbkanäle exakt einstellen.

4.3.3 Duplex und Triplex

Vom Graustufenbild ist es nurmehr ein kleiner Schritt zum monochromen oder duochromen Farbbild, zum Duplex oder Triplex. Damit ist ein Druckverfahren gemeint, bei dem ein monochromes Foto mit zwei oder drei Farben respektive zwei oder drei Schichten einer Farbe gedruckt wird, um einen größeren Tonwertumfang oder einen speziellen Effekt zu erzielen.

Damit lassen sich Effekte nachempfinden, wie sie bereits aus der klassischen Schwarzweißfotografie bekannt sind. Eine Sepia- oder Blautonung zum Beispiel, wie sie einst nur durch den Einsatz von Chemikalien, Zeit und Wissen möglich waren.

1. Wandeln Sie das Farbbild wie eben geschildert in ein Graustufenbild um.
2. Mit dem Menübefehl *Bild – Modus – Duplex* gelangen Sie zu den Einstellungen.
3. Hier können Sie nun die entsprechenden Optionen – Duplex, Triplex… – und die Farben einstellen, die für den Bildaufbau benutzt werden sollen.

Einmal gefundene Einstellungen, die Ihnen zusagen, können Sie speichern und dann immer wieder schnell aufrufen.

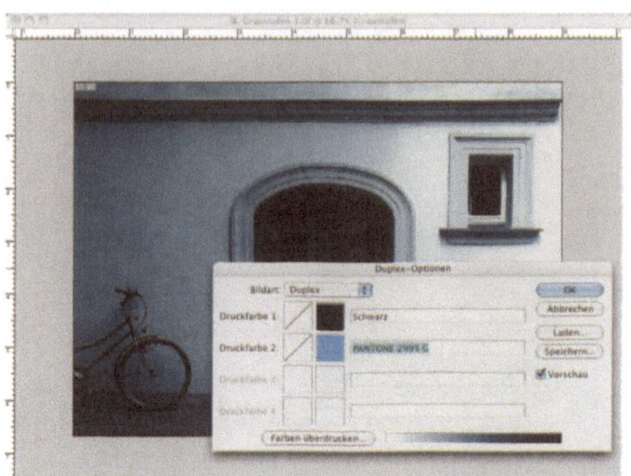

Duplex-Einstellungen

*Ergebnis der Wandlung
nach Duplex.*

4.3.4 Gradationsvariationen

Was Sie normalerweise nicht tun sollten, nämlich heftigst in den Gradationskurvenverlauf einzugreifen, kann zu ganz fremdartigen Bildergebnissen führen.

Experimentieren Sie ein wenig. Nicht selten wirken die Ergebnisse in Farbe spektakulär. Gelungene Gradationskurven lassen sich dann sogar abspeichern und auf andere Bilder anwenden – und Sie haben ganz eigene Effektfilter.

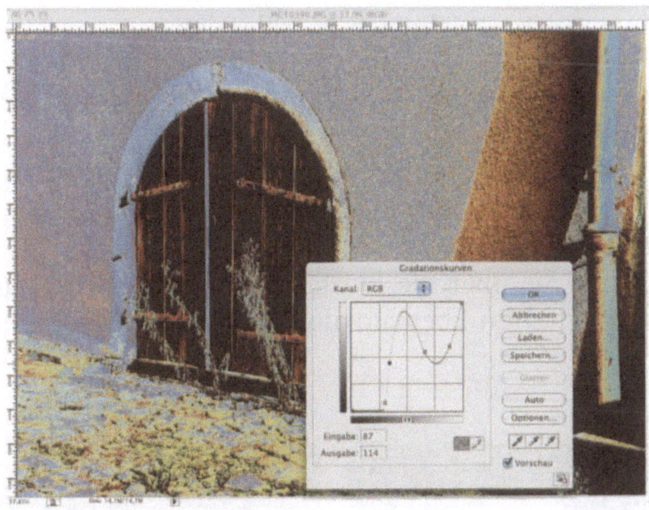

Gradationskapriolen

Sie können gespeicherte Gradationskurven auch mehrmals hintereinander laden und den Effekt verstärken und verstärken…

4.3.5 Weichzeichnen

Der Weichzeichner ist schon in der klassischen Fotografie ein Standardfilter gewesen und auch im digitalen Labor mag man nicht darauf verzichten. Besonders gelobt werden jene Weichzeichner (zum Beispiel das Zeiss Softar), die die Kernschärfe erhalten. Dieser Effekt lässt sich in der Bildbearbeitung simulieren.

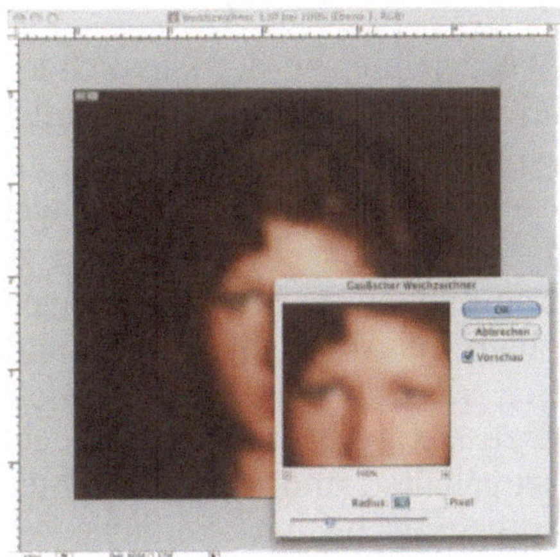

Dialog Weichzeichnen

Für diesen Kernschärfe-Weichzeichner-Effekt wird das Original-bild mit einer weichgezeichneten überblendet:

1. Öffnen Sie das gewünschte Bild und kopieren Sie es nochmals in eine neue Ebene.
2. Wenden Sie den Menübefehl *Filter – Weichzeichnungsfilter – Gaußscher Weichzeichner* mit durchaus erheblicher Stärke und Wirkung auf die Ebene an.
3. Jetzt können Sie über die Einstellung von Deckkraft und Transparenz (Fläche) im Ebenendialog die Wirkung des Filters genau einregeln:

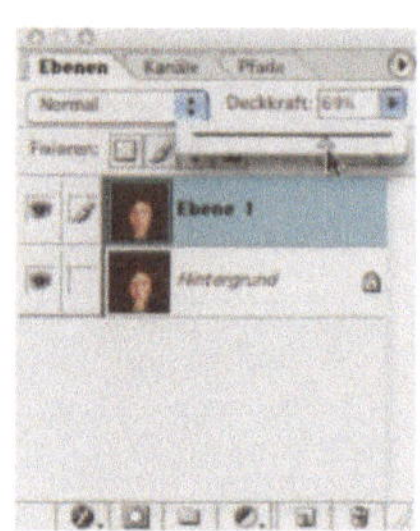

Experimentieren Sie mit dem Weichzeichnungsgrad der Kopie und dem Deckungsgrad beim Überblenden.

4.3.6 High Key und Low Key

High und Low Key bezeichnen in der klassischen Fotografie Fotos, bei denen das Motiv entweder besonders reichlich oder besonders knapp beleuchtet wird.

In der High-Key-Technik wird das Bild weitgehend schattenfrei ausgeleuchtet und reichlich belichtet, das Bild zeigt überwiegend Weiß und zarte Grautöne, kaum Schwarz. Einige tiefschwarze Motivdetails betonen allerdings die Helligkeit des Bildes. Geeignet sind hier gegebenermaßen Motive, die viele helle Töne enthalten.

Im Gegensatz dazu steht die Low-Key-Beleuchtung, bei der das Bild bewusst dunkel gehalten und knapp belichtet wird. Die Lichtcharakteristik ist ausgeprägt bis hart. Seitliche Beleuchtung mit einem Spot und ein überwiegend dunkles Motiv kommen hier in Frage. Große schwarze Flächen mit geringer oder gar keiner Zeichnung stehen einigen wenigen Spitzlichtern gegenüber, die die Schwärze um so mehr betonen.

Wenn Sie Fotos haben, die zwar richtig belichtet sind, den oben geschilderten Kriterien für ein High- respektive Low-Key-Foto aber weitgehend entsprechen, können Sie zum Beispiel einfach per *Bild – Einstellen – Helligkeit/Kontrast* aus ganz normalen Aufnahmen solch effektvolle Fotos zaubern. Bei einem High-Key-Foto wird sich auch der Weichzeichnereffekt gut machen.

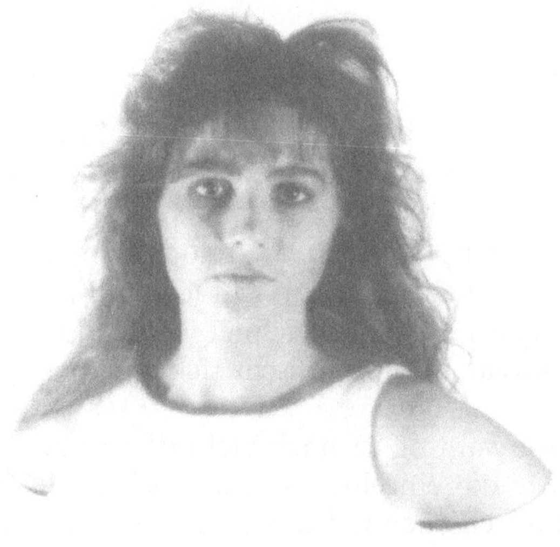

High Key

Mit dem Befehl *Filter – Rendering-Filter – Beleuchtungseffekte* von Photoshop ist es zudem möglich, den Eindruck der Lichtquelle noch weiter verstärken.

4.4 Composing

Bislang wurden im Verlauf dieses Bandes insbesonders Einzelbilder optimiert sowie verändert oder verfremdet. Es ist darüber hinaus aber auch möglich, mehrere Bilder oder Teilbilder zu einem neuen Ganzen zu kombinieren:

Das „Composing" – das Zusammenkopieren mehrerer Bildelemente zu einem neuen Ganzen – ist eine Standardanwendung, die oft genutzt wird, die aber auch viel Erfahrung braucht.

4.4.1 Ebenen

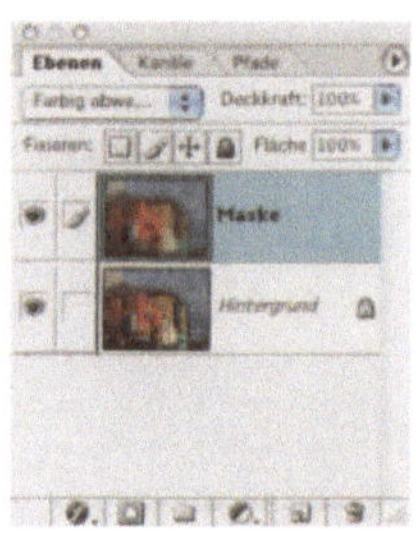

Die dabei am meisten benutzte und hilfreichste Funktion ist die Ebenenverwaltung: Jedes Bildelement kommt in eine eigene Ebene und kann dort unabhängig von den anderen bearbeitet werden.

Stellen Sie sich das wie einen hochmodernen Block Transparentpapier mit 50 oder mehr Blatt vor: Auf jedem Blatt können einzelne Elemente oder ganze Bilder gezeichnet werden; der Betrachter aber sieht alle auf einmal, und das mischt sich zu einem gänzlich neuen Bild.

Die Ebenenverwaltung ist noch viel raffinierter als Transparentpapier, denn wie die einzelnen Ebenen sich zueinander verhalten sollen, was wo durchscheint, das lässt sich in weiten Bereichen festlegen.

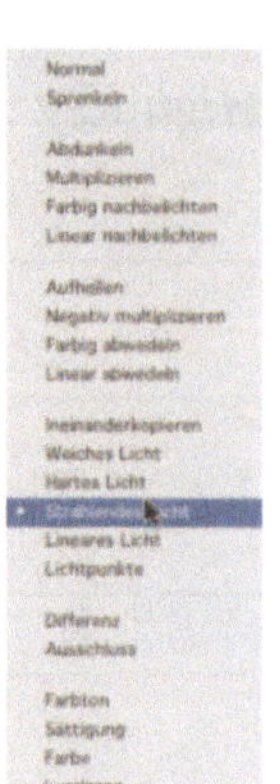

Wir gehen hier von einem Bildbearbeitungsprogramm aus, das die Ebenenverwaltung beherrscht. Leichtere Aufgaben – etwa das Einkopieren von Text – sind auch in einfacheren Programmen ohne diese Funktion ohne weiteres realisierbar. Komplexere Composing-Arbeiten allerdings werden erst durch die Ebenenverwaltung möglich, vieles geht damit einfacher und flüssiger.

Hier ein Beispiel für die Möglichkeiten der Ebenenverwaltung. Das Motiv wird geöffnet und eine Kopie davon in eine neue Ebene gelegt. Diese Ebene wird stark weichgezeichnet:

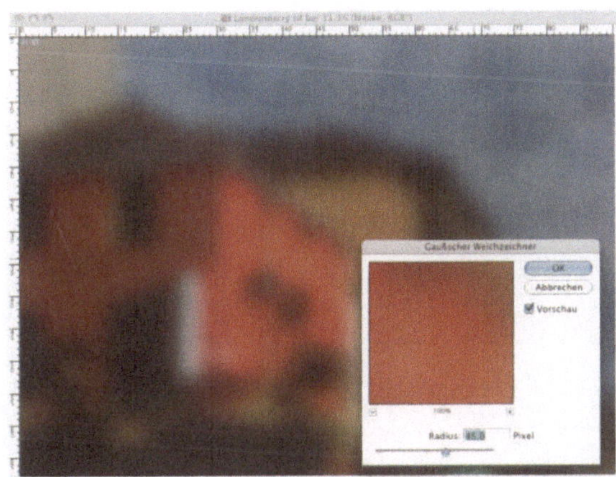

Sie wird anschließend mit der Option *Farbig abwedeln* mit dem Ursprungsfoto verrechnet und im Vergleich zeigen sich Original (rechts außen) und Ergebnis so:

Mit einer weiteren Farbebene (Ineinanderkopieren) und einer Graustufenebene (Negativ multiplizieren), beide weichgezeichnet, ergibt sich folgendes Bild:

Vier Ebenen;
miteinander verrechnet

Viele Anregungen vor allem aus dem künstlerischen Bereich finden sich unter http://www.moca.virtual.museum/:

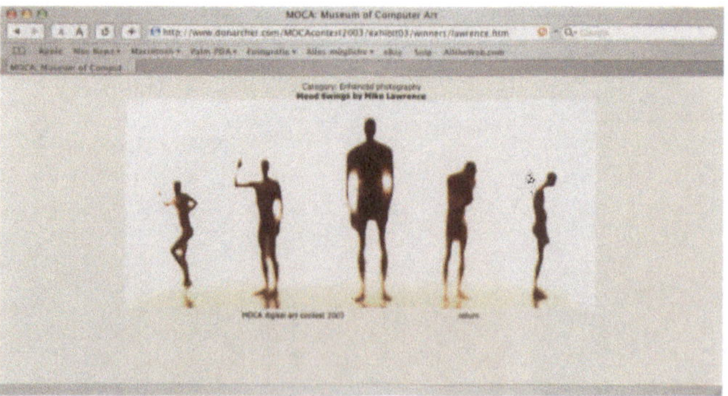

4.4.2 Text und Bild

Einer der häufigsten Wünsche gilt der Kombination von Bild und Text und an diesem Beispiel lässt sich auch der grundsätzliche Umgang beim Composing von Bildern darstellen.

1. Wenn Sie in einer Bilddatei mit Schrift arbeiten möchten, ist es oftmals ratsam, den Text in einem Programm wie Illustrator oder QuarkXPress anzulegen – einfach deshalb, weil Sie mit wesentlich besseren typographischen Kontrollen arbeiten können.

2. Wenn der Text steht, können Sie ihn als EPS-Datei sichern und in der Bildbearbeitung plazieren.
3. Der Text wird in eine neue Ebene gelegt und Sie können ihn positionieren, gestalten oder verfremden.

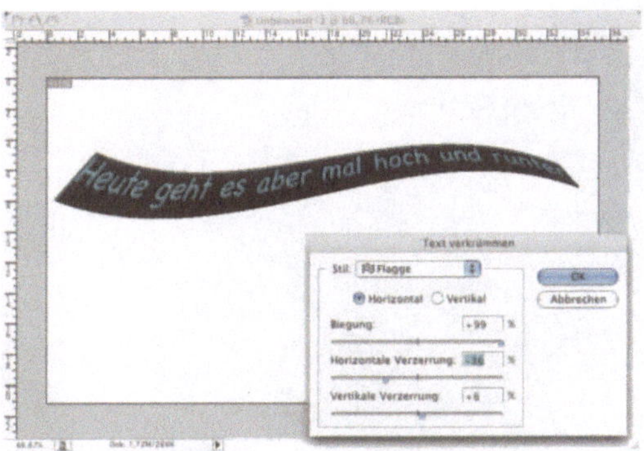

Textgestaltung

4. Die Einstellung, wie sich Bild- und Textebene zueinander verhalten sollen, legt dann die Wirkung von Bild und Text fest.

4.4.3 Motive kombinieren

Die hohe Schule des Composing beginnt da, wo mehrere Motive zu einem neuen kombiniert werden. Das kann prinzipiell auf zwei verschiedene Arten erfolgen:

- Naturalistisches Composing: Hier werden die Bildelemente so kombiniert, dass dem Bild die Manipulation hinterher nicht anzusehen ist. Da bekommt beispielsweise das Auto in einem Prospekt neue Felgen.
- Verfremdendes Composing: Bildelemente werden zu einem neuen Ganzen kombiniert, das so nicht existent ist: Ein Boot, das durchs Weizenfeld pflügt.

Komplexe Composings können dabei bis zu 100 und mehr Ebenen umfassen. Je nach Zielsetzung und angestrebter Wirkung werden die Bildelemente auf unterschiedliche Weise kombiniert.

Bildelemente können hart ineinander kopiert werden, ein Bildelement kann aber auch gesteuert mit unterschiedlichen Wirkungen einkopiert werden. Die Ebenenverwaltung (siehe vorheriger Abschnitt) erlaubt dabei eine sehr weitgehende Beeinflussung der Kopieroperation. Natürlich ist es auch möglich, sich eine Ebene als Musterstempel zu definieren und dann ganz gezielt Bildteile daraus mit dem Stempelwerkzeug hervorzuholen.

Composings: Fotodesign Bernhard Lehn, München

Ein sehr viel versprechendes Gebiet für das künstlerische Composing (und den Fotografen) sind Fotocollagen, die in der digitalen Bildbearbeitung in einer Genauigkeit und Vielfalt möglich werden, wie das bislang undenkbar schien.

4.5 Mehr Möglichkeiten

Das digitale Bild ist in einer Weise beeinflussbar, wie das früher kaum denkbar schien. War es überhaupt machbar, so war es mit einem immensen Aufwand verbunden. Heute ist es oft nicht mehr als ein Befehl, oder ein Programm, das diesen Befehl ausführt. Viele davon sind kostenlos oder sehr preiswert.

So existieren beispielsweise Programme, die aus einem (möglichst umfangreichen) Bildordner und einer Bildvorlage ein Bildmosaik aus vielen Einzelbildern machen.

Patchwork

Eine andere Möglichkeit liegt darin, sich – neben der echten Stereofotografie – mit geeigneten Programmen aus einem Bild scheinbar dreidimensionale Fotos berechnen zu lassen.

Und wenn sich heutzutage ein Mann vor aller Augen in ein Schwein verwandelt, dann ist nicht mehr unbedingt Zauberei im Spiel. Viel wahrscheinlicher ist, dass Sie das Ergebnis einer Animationssoftware erleben. Morphingprogramme berechnen eine Animation zwischen zwei vorgegebenen Teilbildern.

Der Computer berechnet bei diesem Verfahren aus zwei – völlig unterschiedlichen – Start- und Endbildern eine Animationssequenz mit Zwischenschritten, die den fließenden Übergang der Bilder und beim Abspielen den Eindruck einer Metamorphose ergibt.

Für erste Versuche sollten die Bilder sich weitgehend entsprechen – etwa die Umrechnung eines Frauen- in ein Männerporträt, denn der Wahl der Ankerpunkte kommt entscheidende Bedeutung zu für die Qualität des Ergebnisses: Jeder Punkt des Ursprungsbildes wird zum Zielbild hin berechnet. Die einzelnen Punkte des Gitters lassen sich durch Anklicken und Ziehen leicht verschieben.

Metamorphose

Sind die Punkte nicht gut gewählt bzw. unterscheiden sich die Bilder sehr stark, dann ergibt sich lediglich eine Art Überblendeffekt; sind die Punkte richtig gesetzt, dann findet tatsächlich eine Metamorphose statt: Das Bild verwandelt sich.

4.5.1 Panoramafotos

Sicherlich eine der interessantesten Anwendungen und mehr als eine Spielerei ist die Panoramafotografie respektive das nachträgliche Errechnen eines Panoramas aus mehreren Einzelbildern.

Die Ausgangsfotos für das Panorama lassen sich mit jeder Digitalkamera machen. Dazu werden zunächst mehrere überlappende Aufnahmen erstellt:

- Gut geeignet ist ein Weitwinkel hoher Qualität mit geringer Verzeichnung. Alternativ benutzen Sie eine Normalbrennweite (50 mm entsprechend Kleinbild), die nicht (stark) verzeichnet und machen entsprechend mehr Aufnahmen.
- Die Aufnahmen werden von einem stabilen Stativ mit Panoramakopf gemacht: der ermöglicht genaue Teildrehungen.
- Wichtig ist, dass Sie die Kamera so montieren, dass der Drehpunkt der optische Mittelpunkt des Objektivs ist, denn ansonsten „springt" die Perspektive zwischen den einzelnen Aufnahmen und ein nahtloser Anschluss ist nicht mehr möglich.

- Bei Landschaftsaufnahmen in die Ferne und ohne Vordergrund können Sie allerdings sogar freihändig fotografieren: Die Perspektivversetzungen sind so gering, dass sie nicht sichtbar werden. Je näher jedoch ein Motivdetail der Kamera kommt, um so genauer müssen Sie um den optischen Mittelpunkt drehen (siehe Bedienungsanleitung oder Webseite des Herstellers).
- Weißabgleich und Belichtung werden vorab manuell eingestellt, damit die Fotos weitgehend gleich hell und farbig sind.
- Dann machen Sie mehrere Aufnahmen im Uhrzeigersinn mit großzügiger Überlappung (so etwa 50%) – das hilft der Software beim Zusammenstellen des Panoramas, da sie nach gleichartigen Bildteilen sucht, um die Einzelbilder zu montieren. Fotografieren Sie zügig, damit alle Fotos bei gleichen Lichtverhältnissen entstehen.

Mit einer so genannten „Stitching-Software" – einem Nähprogramm – werden die einzelnen Bilder zusammenmontiert. Entsprechende Programme wie Photostitch oder die Panorama Tools liegen entweder der Kamera bei, oder sind kostenlos beziehungsweise gegen geringes Entgelt erhältlich.

Manche dieser Programme bieten beim Zusammenfügen den automatischen Helligkeitsausgleich an. Andernfalls sollten die Einzelbilder vor der Montage hinsichtlich Farb- und Helligkeitseindruck einander angeglichen werden.

Durch Setzen von Ankerpunkten legt man die Nahtstellen fest:

Daraufhin wird eine Panoramaaufnahme aus den Einzelbildern montiert:

Im Beispiel weisen rote Balken auf fehlende Bildbereiche hin. Doch mit dem richtigen Beschnitt oder ein wenig Ausfleckretusche erhält man ein Panorama, das so perfekt ist, dass nicht mehr zu erkennen ist, dass es aus Einzelbildern zusammengesetzt wurde.

Kapitel 5

Fotos publizieren

5.1 Bilder veröffentlichen

Bleibt die Frage, wie die Fotos veröffentlicht werden sollen. Um die entstandenen Bilder zu nutzen, sind folgende Wege denkbar:

- Direktes Anzeigen auf dem Computermonitor. Das setzt ein kleines Auditorium oder einen Großbildschirm voraus; die Computeranlage muss gleichermaßen mit dabei sein.
- Besser ist meist die Überspielung der Grafiken bzw. der Diaschau auf Video. Das Videoband ist leicht zu transportieren und eine entsprechende Anlage zur Wiedergabe, bestehend aus Videorekorder und Farbmonitor, ist meist vorhanden.
- Nicht übersehen werden sollte die Möglichkeit der digitalen Publikation. Beispielsweise lassen sich Stand-Alone-Dokumente erstellen und an Computerfreunde weiterverteilen, die sich dann das Reisetagebuch auf dem Bildschirm des eigenen PC zu Gemüte führen können.
- Internet-Publikation auf der eigenen Webseite, denkbar ist aber auch die E-Mail im HTML-Format, in die digitale Bilder eingebunden werden.
- Ausdruck auf einem geeigneten Drucker als Aufsichtsvorlage (Foto) oder Transparent (Overheadfolie).
- Ausbelichtung als Dia oder Overheadfolie mit einem hochauflösenden Bildrekorder.
- Weitergabe der Daten an ein Belichtungsstudio respektive einen Printservice, wo die Bilder hochauflösend auf Film, Papier oder als Vierfarbauszug (für den Druck) ausbelichtet werden.

5.2 Vom Pixelbild zum Druckbild

Die Ausgabe der digitalen Daten ist der letzte und entscheidende Schritt auf dem Weg zum möglichst perfekten Bild. Das bislang ausschließlich digital vorliegende Bild kann jetzt ganz unterschiedlichen Technologien zugeführt werden und muss deshalb auch unterschiedlich aufbereitet werden. Hierbei sorgt die Druckertechnologie für eine (eigentlich unnötige) Begriffsverwirrung, weshalb hier erst einmal eine Begriffsklärung notwendig wird…

5.2.1 Begriffsklärung

Bezüglich der Ausgabe und der dabei realisierbaren Auflösung sind drei Begriffe wichtig: ppi (sprich pi-pi-ai), dpi (di-pi-ai) und lpi (äl-pi-ai) – alle drei stehen in Beziehung zueinander. Das Desktop Publishing wird wie die gesamte Computerindustrie stark von den USA beeinflusst. Darum kommt in diesen Termini das amerikanische Längenmaß Inch zum Zuge (1 Inch = 2,54 cm). Es kann aber auch vorkommen, dass die Längeneinheit Zentimeter oder Millimeter benutzt wird – lpcm etwa bedeutet „Linien pro Zentimeter".

Hier eine kurze Erläuterung der Begriffe:

ppi = pixel per inch, Bildpunkte pro Längeneinheit. Bezeichnet die Halbtonauflösung und wird meist in Verbindung mit Monitoren und digitalen Kameras gebraucht. Ein Pixel ist ein Bildpunkt, der sämtliche Informationen (Farbe, Helligkeit) trägt. Die Angabe „ppi" ist in Zusammenhang mit Vorlagen- und/oder Ausgabegröße sinnvoll; mit Längenmaßen mithin: Wie viele Pixel passen respektive kommen auf die Längeneinheit? Diese Frage stellt sich beim Scannen etwa oder Ausdrucken.

dpi = dots per inch. Das sind die pro Längeneinheit adressierbaren Punkte eines Ausgabegerätes. Damit wird die höchstmögliche Auflösung eines Ausgabegerätes (Text, Line Art) charakterisiert. Um allerdings aus – beispielsweise – einem cyanfarbenen Punkt (dot) einen Blauton zu erzeugen, muss das Gerät mehrere Farb- und Weißpunkte nutzen; es muss rastern. Deshalb ist seine ppi- respektive lpi-Auflösung geringer als die (maximal adressierbare) dpi-Angabe. (Ausnahme: Geräte mit Halbtonausgabe wie Thermosublimationsdrucker.)

lpi = lines per inch. Dieses Maß für die Rasterweite pro Längeneinheit bezeichnet die Halbtonauflösung des Ausgabegerätes (Graustufen-, Farbwiedergabe). Das Raster wird für die Darstellung von Farb- und Graustufen benötigt und deshalb braucht man auch mehrere dpi für 1 lpi. Und die lpi bei der Ausgabe sind nichts anderes als die ppi bei der Digitalisierung – eine Angabe darüber, wie viele Bildpunkte (Pixel) pro Inch tatsächlich darstellbar sind.

Pixel = zusammengesetzt aus „picture element". Ein Pixel bezeichnet den kleinsten darstellbaren Punkt eines Bildes. Die Anzahl der Pixel ist das Maß für die Auflösung eines Bildes. Eine digitale Kamera hat ebenso wenig „ppi" wie die Bildbearbeitung, sondern ein xy-Raster aus Pixeln, denn noch ist ja nicht festgelegt, auf welche Fläche die verfügbaren Bildpunkte verteilt werden sollen. Bei digitalen Kameras wird deshalb die Feinheit des Bildrasters (640 x 480 Pixel, 1528 x 1146 Pixel) oder aber die gesamte Pixelanzahl (307.200 Pixel, 1,75 Millionen Pixel) angegeben.

5.2.2 Pixel, Punkt und Linie

Bislang war die Sache eigentlich ganz einfach: Egal, ob bei der Digitalisierung oder in der Bildbearbeitung, das bildformende Element war immer das Pixel. Jenes kleinste Bildelement, das alle Informationen über Farbe und Helligkeit in sich trägt.

Noch haben es weder Industrie noch Literatur geschafft, sich auf einheitliche Definitionen zu verständigen. So wird beispielsweise die Auflösung eines Scanners sehr oft in dpi (dots per inch) angegeben, obwohl der Scanner jeden Bildpunkt mit kompletter Farb- und Helligkeitsinformation erfasst. Richtiger wäre also die Angabe ppi (Pixel per inch) oder zur Not auch lpi (lines per inch).

Letztlich aber ist immer das Pixel das ausschlaggebende Element. Es bezeichnet, das sei hier nochmals betont, jenen kleinsten darstellbaren Bildpunkt, der sämtliche Informationen in sich trägt. Die zur Verfügung stehende Anzahl dieser Bildpunkte entscheidet über die Auflösung und damit über die Detailliertheit und Schärfe des Bildes. Und letztlich soll bei der Ausgabe nichts anderes geschehen, als die vorhandenen Pixel hinsichtlich Anzahl und Information bestmöglich wiederzugeben.

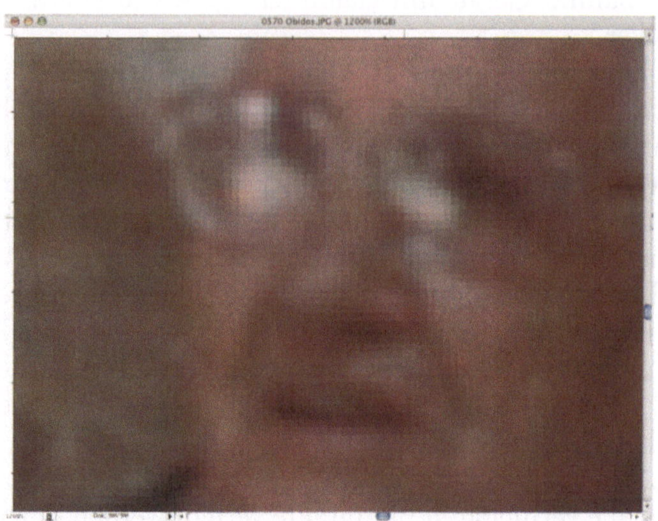

Jedes digitale Foto besteht aus mehr oder weniger vielen einzelnen Pixeln.

Was so einfach klingt, ist es in der Praxis nicht. Zum einen ist die Größe eines Pixels nicht definiert. Wenn Sie ein Bild in der Bildbearbeitung aufzoomen, „verpixelt" es immer mehr, die Pixel werden deutlich sichtbar. Das einzelne Pixel wirkt zwar deutlich größer, bleibt aber nach wie vor ein Pixel. Sie könnten das Bild auch stark vergrößert ausgeben und hätten dann ein riesiges, aber bei nahem Betrachtungsabstand stark verpixeltes Bild. Entfernen Sie sich allerdings weit genug, dann kann das Auge die einzelnen Pixel nicht mehr auflösen und das Bild erscheint wieder scharf und detailliert.

Die sinnvolle beziehungsweise notwendige Ausgabegröße (eher: Ausgabekleinheit) der Pixel hängt vom Betrachtungsabstand ab. Faustregel: Der Betrachtungsabstand entspricht normalerweise etwa der Formatdiagonale. Ein Bild im Format 18 x 24 cm, das scharf und detailliert erscheint, können Sie also unbesorgt auch größer ausgeben, wenn auch der Betrachtungsabstand sich erhöht.

Der zweite Aspekt, den es hier zu berücksichtigen gilt, ist die mögliche Auflösung des Ausgabegerätes. Hierbei wird man zwangsläufig mit den Drucktechnologien konfrontiert, die ein Pixel aus mehreren dots (adressierbaren Punkten) zusammensetzen müssen.

Sei es aus historischen Gründen, sei es, weil es in den technischen Daten besser klingt: Die Hersteller von Laser- und Tintenstrahldruckern geben leider nicht die realisierbare Halbtonauflösung ihrer Geräte an, sondern immer die maximale Anzahl adressierbarer Punkte (dpi). Für die Praxis ist diese Angabe in etwa so relevant wie jene über die Geschwindigkeit eines Fahrrades im Frachtraum eines Flugzeugs.

Denn auf dem Weg vom Pixel zum Dot und dann wieder zur Linie liegt die hohe Kunst der Druckertechnologie. Jeder Hersteller nutzt dazu einen RIP (Raster Image Processor), der sich die einzelnen Pixel vornimmt und daraus meist ein Punktraster (Dot-Raster) errechnet und erzeugt, so dass eine gewisse Anzahl dieser dots sich beim Betrachten wieder zu dem Farb- und Helligkeitseindruck des Pixels verbinden.

Mischwerte werden also mit Hilfe einer Rasterung simuliert: Druckt man auf ein weißes Papier mehr oder weniger viele kleine Punkte und betrachtet diese aus einigem Abstand, so verschwimmen die Punkte zu einem neuen Farbton (= optische Mischung).

Hier liegt die große Kunst und jenes Fachwissen, das alle Druckerhersteller eifrig hüten. Denn die Qualität des RIP ist ausschlaggebend für die Qualität der Ausgabe. So erklärt sich beispielsweise auch, dass ein Tintenstrahldrucker mit beispielsweise 720 dpi eine gleich gute oder sogar bessere Ausgabequalität haben kann als einer mit 1440 dpi.

Für die Praxis wäre es natürlich viel einfacher, wenn die Druckerhersteller statt der dpi-Angabe jene in lpi oder ppi bevorzugen würden. Ist doch die Angabe „dpi" allenfalls für eine Ausgabe unter Beschränkung auf die vorhandenen Druckfarben sinnvoll; dann etwa, wenn reiner Text in Schwarz oder Cyan gedruckt wird. Für alle bildmäßigen Ausgaben ist die lpi- respektive ppi-Leistung des Gerätes wesentlich interessanter.

Denn letztlich bleibt das allein ausschlaggebende Maß jenes, das etwas über die maximal darstellbare Anzahl an Bildpunkten pro Einheit verrät. Und das ist eben lpi respektive ppi.

5.2.3 Rasterpunkt und dpi

Der Ausdruck „dots per inch" wird im Zusammenhang mit der Laserbelichtung in der Druckindustrie verwendet. Aber auch die Auflösung von Desktop-Druckern wird in dpi angegeben. Wie eben erläutert, wird mit „dot" der kleinste adressierbare Punkt bezeichnet – die maximale Auflösung eines Ausgabegerätes.

Denn eine Druckmaschine kann keine Grau- oder Farbabstufungen reproduzieren. Auch ein Tintenstrahldrucker kann nur „dots" in C oder M oder Y oder K drucken (CMYK) – Cyan, Magenta,

Gelb und Schwarz. Der Eindruck unterschiedlicher Farbwerte entsteht, indem mehrere Farbpunkte als so genannte Rasterpunkte aufs Papier gebracht werden. Die Punkte werden dabei so klein und zum Teil auch lasierend übereinander gesetzt, dass das menschliche Auge sie nicht mehr auseinander halten kann und sie als einen homogenen Grau- respektive Farbwert erkennt.

Die Ausnahme bilden Halbtondrucker – hier sind dot und Rasterpunkt identisch.

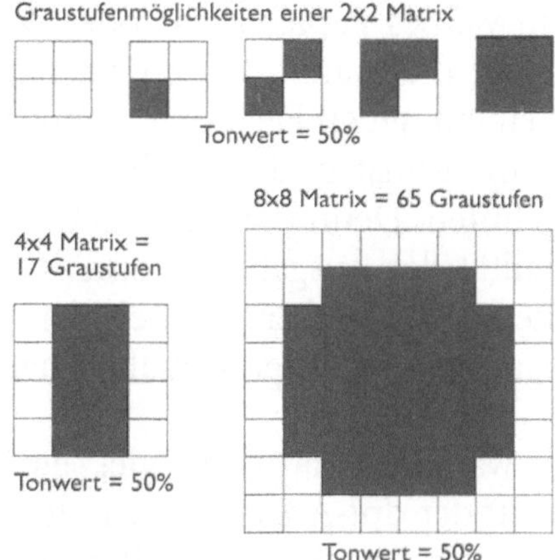

Aus Punkten werden Rasterpunkte. Sind die klein genug, sehen wir Schattierungen (Halbtöne).

Der Laserbelichter (aber auch der Laser- oder Tintenstrahldrukker zuhause) interpretiert ein Bild und setzt es unter Zuhilfenahme des RIP (Raster Image Processor) in größere und kleinere Rasterpunkte um. Die Punkte wiederum bestehen aus einzelnen „dots". Jedes „dot" entspricht einem Laserschuss oder einem Tintentröpfchen. Je höher die Auflösung des Ausgabegerätes, desto feinere Details können realisiert werden:

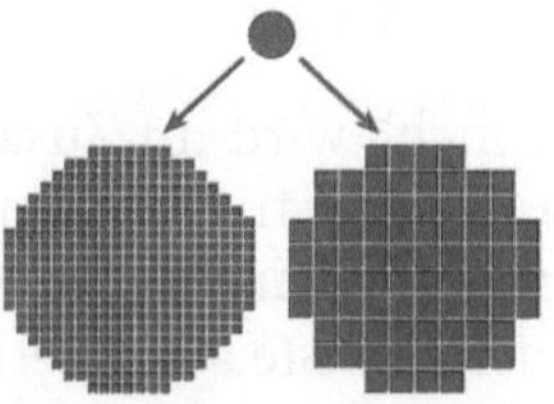

Links eine feine Auflösung mit 441 möglichen Abstufungen; rechts eine grobe Auflösung mit 100 möglichen Abstufungen.

5.2.4 Rasterweite und lpi

Die Angabe „lines per inch" (lpi) sagt etwas darüber aus, wie viele Rasterpunkte beim Druck auf 2,54 cm Papier oder Film untergebracht werden können. Dies ist die tatsächliche Druckauflösung für Bilder, die oft auch als Rasterweite oder Rasterfrequenz bezeichnet wird. Im hochwertigen Offsetdruck etwa werden bei Farbfotos Rasterfrequenzen von 150 lpi beziehungsweise 59 Zeilen pro Zentimeter (lpcm) benutzt – bekannt auch als „60er Raster".

Je feiner die Auflösung (dpi) des Druckers respektive des Belichters ist, desto feiner kann die Rasterweite (lpi) ausfallen, ohne dass eine Abnahme der möglichen Abstufungen in Kauf genommen werden muss. Und um so feiner fällt der optische Bildeindruck aus. Rasterpunktweiten, die vom unbewehrten Auge kaum mehr zu erkennen sind, können heute ohne weiteres realisiert werden.

Ein Drucker etwa kann zwar 600 dpi Auflösung haben, wenn es darum geht, nur Schwarz und Weiß darzustellen (Text); soll er allerdings Grau- oder Farbstufen (Illustration) simulieren, so muss er sich der Matrixbildung (Rasterung) bedienen und die Auflösung sinkt erheblich.

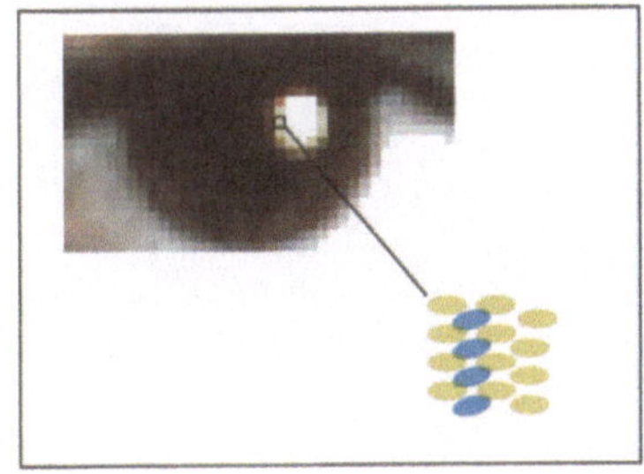

Was einst Pixel war, ist jetzt Rasterpunkt.

Soll der Rasterpunkt verschiedene Grauschattierungen darstellen können, so muss er vergrößert werden. Und zwar wird er um so größer werden, je mehr Graustufen er darstellen soll. Bei 10 Graustufen beispielsweise (9 plus Weiß) wären 9 Pixel des Druckers (3 senkrecht, 3 waagerecht) notwendig. Je nachdem, wie viele Punkte dieses Rasters der Drucker nun druckt, ergeben sich 10 verschiedene Grauwerte von weiß bis schwarz.

Am Beispiel festgemacht: Das bedeutet, die Auflösung des Laserdruckers sinkt von 600 dpi auf 200 lpi, da nun in einer Zeile drei seiner Pixel die Information für die Grauabstufung eines Rasterpunktes liefern müssen. Sollen gar 256 Graustufen wiedergegeben werden, so bedarf es einer Matrix von 16 x 16 Pixeln, die Auflösung sinkt dementsprechend auf 37,5 lpi (600/16 = 37,5).

Nun wird auch deutlich, warum professionelle Satzbelichter eine so hohe Auflösung haben: Auch sie bedienen sich zur Darstellung von Grauwerten (auch bei den Farbauszügen CMYK) ja der Rasterung. Liegt beispielsweise die volle Auflösung, mit der Texte gedruckt werden können, bei 2540 dpi, so reduziert sich diese aus den geschilderten Gründen bei der Grautonwiedergabe mit 256 Helligkeitsabstufungen auf 158,75 lpi (2540/16).

Diese Erläuterungen sollen dem Grundverständnis dienen und wurden hier für Graustufen geschildert. Dem Prinzip nach funktioniert auch der Farbdruck so; der RIP muss hier allerdings neben der Helligkeits- auch noch die Farbinformation rastern.

5.3 Technologien der Bildausgabe

Die farbige Ausgabe der digitalen Fotos ist heute – angesichts hochauflösender und dabei sehr preiswerter farbiger Tintenstrahldrukker, kein Thema mehr. Aber es gibt Alternativen.

Wir stellen Ihnen im Folgenden die wichtigsten Druckertechnologien vor. Bei der Auswahl des für Sie geeigneten Gerätes und der passenden Technologie sollten Sie folgende Punkte berücksichtigen:

* Anforderungen an Lebensdauer und Robustheit des Druckwerks.
* Farbechtheit und Haltbarkeit von Tinte respektive Toner.
* Systemkosten (= Summe aus Anschaffungspreis, Druckmedium und Druckerfarbe) respektive Druckkosten pro Seite.
* Langzeithaltbarkeit der Drucke.
* Verwendbare Druckmaterialien.

5.3.1 Tintenstrahldrucker

Wie bereits aus der Namensgebung abzulesen, drucken Tintenstrahldrucker, indem sie aus einem Farbbehälter Tinte auf das Papier „spritzen". Die Technik ist mittlerweile so ausgereift, dass diese Druckertypen Auflösungen von weit über 1000 dpi erreichen und damit die gleiche und höhere Auflösung zeigen wie die Standardlaserdrucker. Zum anderen sind es sehr leise Drucker.

Farbige Tintenstrahldrucker bauen das Bild aus den drei Farben Yellow, Magenta und Cyan auf; oft wird auch noch Schwarz mitgedruckt (CMYK-Farbmodell), um Bildkraft und -tiefe zu erhöhen.

Besonders die Farbreinheit (in Grenzen aber auch die Auflösung) kann erhöht werden, wenn auch die Anzahl der Druckfarben erhöht wird. Hochwertige Tintenstrahldrucker benutzen deshalb bis zu sieben Druckfarben, um den Farbraum zu erweitern und zum Beispiel auch kritische Hauttöne besser darstellen zu können.

Tintenstrahldrucker kommen nicht nur für den heimischen Gebrauch in Frage, da sie mittlerweile sehr preiswert und gut sind. Farbige Tintenstrahldrucker, die so genannte „fotorealistische" Ausdrucke bis DIN A4 ermöglichen, sind heute schon für deutlich un-

ter 200 Euro erhältlich, für wenig mehr gibt es sogar hochwertige DIN A3-Drucker.

Ein großer Vorteil dieser Drucktechnologie ist, dass sich damit die unterschiedlichsten Materialien – von Papier bis hin zu Stoff – bedrucken lassen. Das trifft vor allem auf jene Modelle zu, die einen geraden Papiereinzug haben und das Druckmedium auch gerade durch den Drucker führen. Dadurch steht dem Experiment Tür und Tor offen.

Tintenstrahldrucker
Foto: Canon

Die Technologie der Tintenstrahldrucker ist mittlerweile so ausgereift, dass sich damit hochwertigste Farbdrucke erstellen lassen. Das geht so weit, dass es mit entsprechender Software möglich wird, den Auflagendruck mit einem Tintenstrahl-Probedruck zu simulieren und sich so auf einem vergleichsweise preiswerten Ausdruck des Tintenstrahldruckers anzusehen, wie die Zeitung oder Zeitschrift später gedruckt aussehen wird.

Mit den passenden Spezialpapieren und vorzugsweise „fotorealistischen" Tintenstrahldruckern (meist sechs Druckfarben) lassen sich zudem digitale Fotos in einer Qualität ausgeben, die sich kaum mehr von einem herkömmlichen Fotoabzug unterscheidet; ja die sogar bei entsprechender Bildbearbeitung (siehe die beiden vorherigen Kapitel) das analoge Foto übertreffen kann.

In der Anschaffung sind Tintenstrahldrucker vergleichsweise so preiswert wie kein anderes Gerät. Werden allerdings die Druckkosten in Rechnung gestellt, so zeigt sich bald, dass der Druck eines digitalen Fotos um den Faktor zwei bis vier teurer ist als eine konventionelle Fotografie in vergleichbarer Größe.

Da die Druckerpatronen nicht eben billig sind und die besten (fotorealistischen) Ergebnisse sich nur auf – teurem – Spezialpapier. zeigen, sind effektive Kosten von über 1 Euro pro Ausdruck (= Foto) nichts Außergewöhnliches.

Die besonders preiswerten Modelle können zudem ganz schön enervieren, wenn die digitale Fotografie ernsthaft betrieben wird: Obwohl sich über die Qualität nicht klagen lässt, ist die Schnelligkeit der Ausgabe zu bemängeln. Bei fünf Minuten und mehr Druckzeit für ein einziges Foto bleibt der Spaß schnell auf der Strecke.

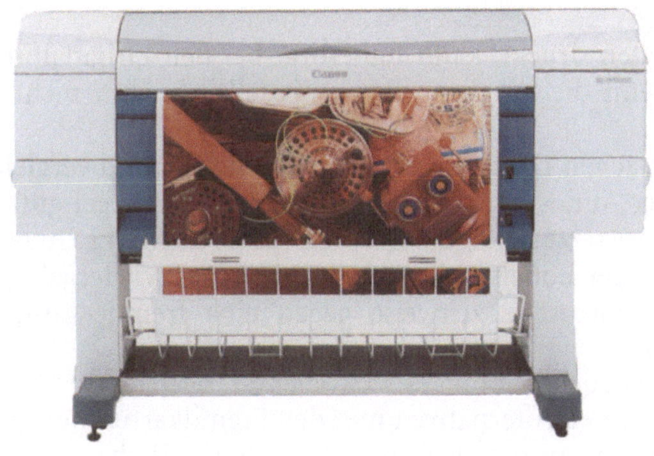

Tintenstrahltechnologie findet sich auch bei Großdruckern.
Foto: Canon

Die teuren Patronen lassen sich auch kostengünstig nachfüllen. Das ist zwar so vom Hersteller nicht vorgesehen, ja er rät sogar davon ab, doch es geht meist ohne jede Probleme.

Dazu werden von diversen Herstellern spezielle Nachfüllsätze sowie komplette Farbpatronen angeboten, die um einiges preiswerter sind als die originalen Farbpatronen.

Wird auf die Farbpatronen eines Fremdherstellers zurückgegriffen, so lässt sich damit bis zur Hälfte der Druckkosten einsparen. Nachfüllsätze sind noch günstiger.

Ein wenig problematisch kann es in dem Fall aber mit dem Farbmanagement werden, denn die ICC-Profile für einen bestimmten Drucker sind vom Hersteller natürlich auf die eigenen Farben abgestimmt. Fremdfarben können etwas anders wirken, denn das eine Cyan gleicht nicht unbedingt dem anderen Cyan. Das aber lässt sich mit etwas Erfahrung und Anpassung des Farbmanagements (siehe Kapitel *Farbe in Theorie und Praxis)* in den Griff bekommen.

Schwerer wiegt da schon die Tatsache, dass die Hersteller der Originaltinten für sich und ihre teuren Tinten reklamieren, dass sich nur damit beste Ergebnisse erzielen lassen. Und tatsächlich zeigt sich in Tests immer wieder, dass die Originaltinten gute bis sehr gute Ergebnisse ermöglichen.

Nur selten ermöglichen Fremdtinten bessere Ergebnisse, oftmals aber (deutlich) schlechtere. Es ist leider auch nicht möglich, einen empfehlenswerten Hersteller von Fremdtinten zu nennen, da die Ergebnisse von Modell zu Modell und von Hersteller zu Hersteller ganz anders ausfallen können. Das heißt aber nicht, dass sich nicht doch Geld sparen ließe:

- Wer selten druckt, kann unbesorgt bei den Originaltinten bleiben, denn die mögliche Ersparnis fällt ohnehin nicht so hoch aus.
- Bei einfachen Druckern mit nur vier Farben und vergleichsweise geringer Auflösung sind Fremdtinten in der Regel gut geeignet, denn hier setzt schon die Qualität des Druckwerks Grenzen.
- Bei weniger hohen Ansprüchen an die Farbwiedergabe kann die Originalkartusche zeitweise gegen eine fremde ausgewechselt werden.
- Für Vieldrucker lohnt es sich allemal, nach einer gleich guten oder besseren Alternative unter den Fremdkartuschen zu suchen. Erste Anhaltspunkte liefern Testberichte in Fachzeitschriften, genauer wird das in der Praxis ausgetestet.

Tintenstrahldrucker wollen gepflegt sein: Werden sie lange Zeit nicht benutzt, dann kann die Tinte eintrocknen und dabei unter Umständen sogar den Druckkopf unbrauchbar machen (das gilt für jene Tintenstrahldrucker, bei denen Tintenpatrone und Druckerkopf getrennte Einheiten sind). Die teure Tintenkartusche ist in jedem Fall hinüber. Deshalb sollten Sie wenigstens alle vier Wochen einmal eine Seite ausdrucken.

Wenn Sie bei Ihrem Tintenstrahldrucker im Ausdruck plötzlich Streifen erkennen können oder sonst etwas darauf hinweist, dass der Druckkopf verschmutzt ist, können Sie den Drucker anweisen, den Kopf zu reinigen. Forschen Sie dazu im Druckerprogramm (Treiber) nach den entsprechenden Optionen.

5.3.2 Laserdrucker

Laserdrucker bieten verschiedene Vorteile: Sie sind sehr leise, schnell, wartungsarm, auch für größere Auflagen geeignet und liefern brillante Schwarz- und Farbflächen. Außerdem sind PostScript-fähige Laserdrucker erste Wahl für Grafiker und Desktop Publisher.

Laserdrucker
Foto: Canon

Jeder Laserdrucker verfügt über eine Auflösung von mindestens 300 dpi, wobei die 600-dpi-Modelle mittlerweile Standard sind. Wer öfters direkt ab Laserdrucker gestochen scharfe Druckvorlagen erstellen möchte, findet heute zudem ein reichhaltiges Angebot an Geräten mit 1000 dpi oder noch höherer Auflösung.

Neben Schwarzweißgeräten werden heute auch Farblaser zu bezahlbaren Preisen angeboten. Sie sind allerdings die Spezialisten fürs Büro und die Druckvorstufe geblieben, denn der vergleichsweise hohe Anschaffungspreis rechnet sich nur bei Auflagendrucken; wenn also viel gedruckt wird.

Sie können auch in der Qualität nicht ganz mit den Tintenstrahldruckern mithalten: Wer „echte" Farbfotos ausdrucken möchte, für den sind sie keine Alternative.

5.3.3 Halbtondrucker und Ausbelichter

Digitale Drucker, die Bilder auf Fotopapier belichten, gelten ebenso als Continuous Tone Drucker wie Thermosublimationsdrucker. Bei ihnen entsprechen sich Bildpixel und Druckerpixel. Jedes Pixel erhält dabei die notwendige Information über Farbe und Dichte.

Durst gibt denn in seinen Datenblättern zum Lambda folgerichtig an: „400 ppi (Full Continuous Tone Pixel Per Inch) mit Pixel Interpolation während laufender Belichtung. Die 400 ppi Full Continuous Tone Auflösung des Durst Lambda entspricht einer visuellen Auflösung von 4000 dpi (dots per inch) von Ausgabegeräten mit Raster-Drucktechnik.“

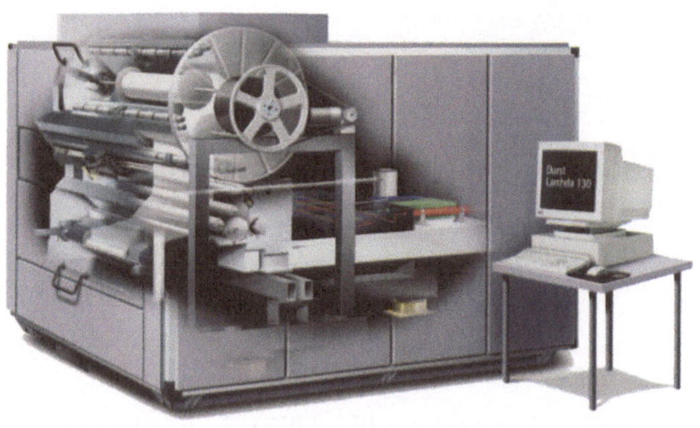

Ausbelichter Lamda
Grafik: Durst

Echte Halbtonausgabe ist möglich, wenn jeder Bildpunkt mit unterschiedlichen Farb- und Dichtewerten angesprochen werden kann. Es muss also nicht wie bei Druckern, die nur eine Farbe bzw. Dichte zulassen, ein Raster zur Bildung der Farbinformation benutzt werden. Diese Matrix würde bedingen, dass ein Pixel der Vorlage durch mehrere Pixel bei der Ausgabe dargestellt werden muss, was einen Auflösungsverlust zur Folge hat.

Zur Belichtung des Fotopapiers kommen verschiedene Lichtquellen in Betracht: LED (Light Emitting Diode), CRT (Cathode Ray Tube) und Laser. Unabhängig von der Lichtquelle jedoch arbeiten alle nach dem gleichen Prinzip, bei dem das Fotopapier nacheinander mit rotem, grünem und blauem Licht Punkt für Punkt belichtet wird. Bei LED-Druckern werden Leuchtdioden zur Belichtung verwandt. CRT-Drucker setzen eine Kathodenstrahlröhre ein. Und Laserdrucker verwenden einen Laserstrahl, der über das lichtempfindliche Fotopapier geführt wird. Für jede Farbe wird ein separater Laser benötigt.

Ein Nachteil dieser Drucker ist sicher darin zu sehen, dass eine Entwicklungsmaschine nötig ist, um das Fotopapier zu entwickeln. Dafür ist andererseits das Material wie auch das Entwicklungsverfahren vergleichsweise preiswert, so dass sich diese Druckertypen vor allem für die Erstellung hoher Auflagen eignen.

Für eine hochwertige Ausgabe bieten sich die Silberhalogenidmaterialien (= konventionelle Fotomaterialien) sowieso nach wie vor als Trägermaterial erster Wahl an. Schärfe, Farbwiedergabe, Beständigkeit und Haltbarkeit sind sehr gut.

Da die Kosten für solche Ausbelichter sehr hoch liegen, wird man die Fotos in ein Belichtungsstudio geben, das über derartige Geräte verfügt – das trifft auf jeden Dienstleister zu, der Fotos auf Fotopapier anbietet. Dem ist es dann möglich, aus den digitalen Daten wieder Bilder zu machen: Das können Farbdias, Farbnegative, Farbbilder und Druckfilme für den klassischen Druck sein.

5.3.4 Thermosublimationsdrucker

Nach dem Prinzip des Thermosublimationsdrucks arbeiten die meisten der kleinen so genannten „Fotodrucker", wie sie von verschiedenen Herstellern wie Polaroid, Olympus usw. angeboten werden. Das Druckformat ist meist nicht allzu groß und liegt um 10 x 15 cm oder darunter. Damit sind diese Kleindrucker ideal, um digitale Bilder direkt als „Foto" auszugeben. Einige Modelle erlauben es denn auch, die Kamera respektive das Speichermedium direkt anzuschließen. Ein zusätzlicher Computer wird für den Ausdruck nicht mehr benötigt.

Beim Thermosublimationsverfahren findet ein mit zahlreichen winzigen Heizelementen versehener Druckkopf Verwendung, der Farbpigmente aus einer Spezialfolie herauslöst, die dann in gasförmigen Zustand auf ein dem Fotopapier ähnliches Spezialpapier aufgebracht werden.

Bedingt durch das Druckprinzip ist positiv zu vermerken, dass die beispielsweise 300 dpi Auflösung, die für den Thermosublimationsdrucker angegeben werden, hier „echten" 300 lpi entsprechen.

Im Gegensatz zu herkömmlichen Druckern, die für die Ausgabe von Fotos eine Vielzahl von Druckerpunkten benötigen, um ein einziges Pixel darzustellen, benötigt der Thermosublimationsdrucker pro Pixel auch nur einen Druckerpunkt. Der Bildpunkt muss also nicht gerastert werden (= mehrere Druckerpunkte werden zu einem Bildpunkt), um Halbtöne zu erzielen.

*Thermosublimations-
drucker
Foto: Olympus*

Im Ausdruck können die einzelnen Pixel nicht mehr auseinander gehalten werden, deshalb spricht man auch von „Continuous Tone Druckern". So kann ein Thermosublimationsdrucker, der mit 24 Bit Farbtiefe arbeitet, maximal 16,7 Millionen unterschiedliche Farben erzeugen – unerreichbarer Traum für jedes CMYK-Gerät (siehe dazu auch *2.3 Farbmodelle*.

Da diese Druckervariante auf relativ teures Spezialpapier angewiesen ist, sind die Kosten pro Ausdruck ebenso wie die Gerätepreise hoch.

5.3.5 Thermotransferdrucker

Bei diesem Druckverfahren werden Farbstoffe mittels Wärme von einem Farbband gelöst und auf dem Bildträger aufgebracht. Die wachsartigen Farben Cyan, Magenta und Gelb befinden sich hintereinander auf einem Farbband, die separat auf das Papier übertragen werden. Dazu wird der Druckkopf dort erhitzt, wo Farbe übertragen werden soll.

Aufgrund dieses „Wachsschmelzverfahrens" ist leicht nachvollziehbar, dass diese Druckertypen sehr klare, reine Farben übertragen. Das ergibt zwar sehr brillante Bildergebnisse, die Farbraum ist aber vergleichsweise klein. Sie werden deshalb vor allem als „Bedruck-Drucker" eingesetzt, beispielsweise um Etiketten und Barcodes auszudrucken und CDs oder DVDs oder auch sonstige Materialien und Gegenstände zu bedrucken.

5.3.6 Filmrekorder

Filmrekorder sind Spezialisten, wenn es darum geht, digitale Daten auf Filmmaterial auszubelichten; meist wird das Ergebnis ein Diafilm sein, ebenso möglich ist aber auch ein Negativfilm.

Filmrekorder
Foto: CCG

Neben dem gängigen Kleinbildformat 24 x 36 mm können auch Roll- und Planfilmformate ausbelichtet werden; ausreichende digitale Datenmengen vorausgesetzt.

Die fraglichen digitalen Daten – Fotos oder auch Grafiken – werden in ein Belichtungsstudio gegeben, das sich auf die Ausbelichtung spezialisiert hat. Auch der Fotohändler kann diese Dienstleistung anbieten.

5.4 Vorbereitung für die Ausgabe

Nachdem im Vorangegangenen die theoretischen und praktischen Grundlagen gelegt worden sind, geht es in diesem Abschnitt um das Vorbereiten des Bildes für die Ausgabe.

Sie erstellen jetzt aus der bislang auflösungsunabhängigen Bilddatei eine auflösungsabhängige, denn jetzt erst legen Sie die letztendliche Auflösung (Pixel per inch) fest und bestimmen, in welcher Größe das Bild ausgegeben werden soll.

Diese Angaben sind erst bei der Ausgabe relevant und betreffen auch ein ganz spezielles Ausgabegerät. Denn von ihm hängen die hier zu tätigenden Einstellungen ab. So kann es durchaus sein, dass Sie aus ein- und derselben Bilddatei ganz verschiedene Ausgabedateien erstellen: die eine zum Beispiel für ihren Tintenstrahldrucker zu Hause, die andere für den Printservice im Internet.

- Legen Sie die Proportionen so fest, dass ein oder mehrere Bilder das Format des Ausgabemediums und damit das (teure) Papier bestmöglich füllen.
- Legen Sie die Ausgabe-Bildgröße und Ausgabe-Auflösung für das gewünschte Ausgabegerät fest (Drucker, Belichter, Monitor).

5.4.1 Softproof

Bevor das Bild auf ein spezifisches Ausgabegerät geleitet wird, sollten Sie die Möglichkeiten des „Softproofs" in Ihrer Bildbearbeitung nutzen. Laden Sie dazu das ICC-Profil Ihres Ausgabegerätes in die Bildbearbeitungssoftware und lassen Sie es mit der Monitordarstellung abgleichen: Das Bild wird jetzt annähernd so dargestellt, wie es im Druck erscheinen wird.

Beispielhaft hier die Vorgehensweise für Adobe Photoshop, für andere Bildbearbeitungsprogramme gilt sinngemäß dasselbe:

1. In Photoshop wählen Sie unter *Ansicht – Proof einrichten* das ICC-Profil Ihres Ausgabegerätes. Für andere Bildbearbeitungsprogramme gilt sinngemäß dasselbe.

2. Wenn Sie jetzt *Ansicht – Farb-Proof* aufrufen, werden die Bildfarben auf den Farbraum des Ausgabegerätes umgerechnet und dargestellt.

Prüfen Sie, ob die Bildästhetik dem entspricht, was Sie sich erwarten. „Problemfarben" spüren Sie mit dem Befehl *Ansicht – Farbumfang-Warnung* auf:

Eine Farbumfang-Warnung (rechts) zeigt die Problemfarben.

Farben, die außerhalb des Farbraums des gewählten Ausgabegerätes liegen, werden deutlich markiert.

5.4.2 Optimale Ausgabegröße für den Druck

Als „optimale Ausgabegröße" definieren wir jene Bildgröße, die das digitale Bild in maximaler Qualität und Größe auf ein Medium ausgibt. Das bedeutet, jedes Bildpixel soll idealer Weise auf exakt einen Rasterpunkt fallen. Die bislang noch formatneutrale Bilddatei wird dabei auf eine Fläche (in ein Format) abgebildet. Wird das Bild größer ausgegeben, dann zeigen sich zunehmend zunächst die Pixelkanten und dann die einzelnen Pixel.

Dabei steht eine einzige, einfache Frage im Raum: Wie viele Pixel pro Längeneinheit holt sich das Ausgabegerät ab?

Diese Frage ist für Halbtongeräte einfach zu beantworten, denn hier holt sich jeder Druckerpunkt einfach ein Pixel ab. Bei Rasterdruckern (wie bei Tintenstrahl- und Laserdruckern) ist die Ausgabeauflösung in lpi wichtig (die leider allzu selten angegeben wird).

Gehen wir der Einfachheit halber zunächst einmal davon aus, dass die Ausgabeauflösung in ppi oder lpi bekannt ist (zur näherungsweisen Ermittlung der Ausgabeauflösung von Rasterdruckern gleich noch mehr). Sowie diese Daten vorliegen, ist das Berechnen der optimalen Bildgröße simpel:

Bei einer Ausgabeauflösung von 300 ppi/dpi holt sich das Ausgabegerät 300 Bildpunkte pro inch (= 2,54 cm). Das bedeutet, ein Bild, das 1000 Bildpunkte in der x-Achse hat, wird in der Ausgabe eine x-Achse mit einer Länge von 3,33 inch (1000/300), rund 8,5 cm also, haben. Entsprechend wird dasselbe Bild bei 100 dpi Ausgabeauflösung eine x-Achse von 10 inch respektive 25,4 cm (1000/100) aufweisen.

Die optimale Ausgabegröße einer gegebenen Bilddatei mit einer bestimmten Anzahl x-y-Pixel hängt also unmittelbar mit der Ausgabeauflösung zusammen.

Natürlich lassen sich die Bilder in der Bildbearbeitung auch skalieren, das heißt die Bildmaße vergrößern oder verkleinern. Sie können die Fotos dann auch in einer anderen Ausgabeauflösung speichern und entsprechend größer oder kleiner ausgeben.

Dabei steht allerdings eine mehr oder minder starke Abnahme der Bildqualität zu erwarten. Verkleinern lässt sich die Datei generell ohne sichtbare Qualitätsverluste; inwieweit sie sich vergrößern lässt, hängt von der originalen Bildqualität ab (siehe auch *3.4.1 Bildgröße festlegen*).

Wird eine Skalierung notwendig, dann sollten Sie anschließend noch einmal die Schritte zur Bildoptimierung (siehe Kapitel 3) durchgehen.

Jetzt wird auch verständlich, warum die Angabe zur Größe einer Bilddatei letztlich wenig hilfreich ist. Eine Angabe von „2 Megabyte" oder auch „20 Megabyte" etwa sagt nichts, aber auch rein gar nichts über die tatsächliche Qualität der Rohdaten aus.

Die Frage sollte also nie lauten: „Wie viel Megabyte an Daten braucht das Ausgabegerät?", sondern sie kann immer nur lauten: „Wie viele Pixel muss ich dem Ausgabegerät pro Längeneinheit zur Verfügung stellen?" Daran bemisst sich die optimale Ausgabegröße. Größere oder kleinere Bilder sind – bei gegebener Ausgabeauflösung – nur per Interpolation möglich.

Das Pixelraster der digitalen Kamera liegt fest, sie hat zum Beispiel eine Auflösung von 2048 x 1536 Pixeln. Unter Zugrundelegung dieser Werte können Sie sich nun eine Tabelle erstellen, die Ihnen eine schnelle Übersicht über die realisierbaren Ausgabegrößen bei bestimmten Ausgabeauflösungen verschafft.

Hier in der Übersicht eine Aufstellung am Beispiel einer Auflösung von 2048 x 1536 Pixeln:

Ausgabeauflösung	Resultierende Bildgröße
100 lpi	40 cm x 50 cm
150 lpi	34 cm x 26 cm
200 lpi	20 cm x 26 cm
250 lpi	15 cm x 20 cm
300 lpi	13 cm x 18 cm

Ihre eigene Tabelle für die verschiedenen Auflösungsstufen der Kamera könnte in etwa so aussehen:

	3264 x 2448	2560 x 1920	2048 x 1536
100 lpi	82,9 x 62,2 cm	65,0 x 48,8 cm	52,0 x 39,0 cm
150 lpi	55,3 x 41,5 cm	43,3 x 32,5 cm	34,7 x 26,0 cm
200 lpi	41,5 x 31,1 cm	32,5 x 24,4 cm	26,0 x 19,5 cm
250 lpi	33,2 x 24,9 cm	26,0 x 19,5 cm	20,8 x 15,6 cm
300 lpi	27,6 x 20,7 cm	21,7 x 16,3 cm	17,3 x 13,0 cm

Die Formel für die Berechnung der Bildstrecke (in Zentimetern) aus der Pixelmatrix lautet sinngemäß:

$$\text{Pixelanzahl/lpi-Wert} * 2{,}54$$

Beispielrechnung: 2048/300 = 7 inch. 7 inch * 2,54 = 17,3 cm.

Welche lpi-Werte Sie für welches Ausgabemedium ansetzen, lesen Sie bitte im folgenden Abschnitt *5.4.3 Von dpi zu lpi* nach.

Zum Erzielen einer guten Ausgabe ist nicht allein die Auflösung der Bilddatei maßgeblich. Eine ebenso wichtige Rolle kommt der Qualität der Rohdaten zu. Saubere Farbtrennung, gute Tiefenzeichnung und Detailschärfe erlauben eine wesentlich stärkere Vergrößerung für den Druck als unscharfe Ausgangsdaten mit ausgeprägtem Rauschen und Moiré.

Bei guten Kameras respektive Aufnahmen können Sie davon ausgehen, dass sich die Bilddaten mit sehr guten Ergebnissen bis etwa 150 Prozent vergrößern lassen, wenn sie in der Bildbearbeitung skaliert und anschließend optimiert werden (siehe Kapitel *Bildoptimierung*). Sollen die Ergebnisse gar nur gut bis befriedigend werden, sind bei entsprechend hochwertigen Rohdaten bis zu 200 Prozent Skalierung denkbar.

Wobei hier anzumerken ist, dass „gut" respektive „befriedigend" bedeutet, dass der nicht fachlich vorgeschulte und unerfahrene Betrachter (die Familienmitglieder beispielsweise) diese Ergebnisse immer noch als „Klasse" einstufen werden.

Eine super-optimale Ausgabequalität erreichen Sie dann, wenn Sie – ähnlich wie beim Scannen – einen Qualitätsfaktor von 2 mit einrechnen respektive das Bild in einem Viertel der eben berechneten Größe ausgeben. Dann nämlich findet der RIP vier Bildpunkte statt eines einzelnen für seine Rasterpunktberechnungen vor und kann Bildfarben und -schärfe noch genauer berechnen.

5.4.3 Von dpi zu lpi

Normalerweise bereitet es keinerlei Schwierigkeiten, in den technischen Daten eines Druckers seine höchstmögliche Auflösung, angegeben in dpi, nachzulesen. Uns ist allerdings noch kein Drucker untergekommen, der auch eine Angabe über die möglichen lpi offenbart hätte.

Machen Sie nun nicht den Fehler, die dpi-Angabe des Druckers zur Grundlage Ihrer Ausgabeoptimierung zu machen. Er holt sich nämlich bei weitem nicht so viele Pixel ab, wie er Punkte (dots) pro Inch (oder Zentimeter) adressieren kann.

Solange die Druckerhersteller keine lpi-Werte angeben, bleibt nur, sich mit ein paar Faustformeln und eventuell ein paar Drucktests an die bestmögliche Ausgabe heranzutasten. Bei einem normalen Vierfarbdrucker sollten Sie für Ihre Tests von einer möglichen Halbtonauflösung (lpi) ausgehen, die etwa bei einem Fünftel der Punktauflösung (dpi) liegt. Das bedeutet für einen Drucker mit 720 dpi einen Wert von rund 150 lpi. Eine Druckerauflösung von 1440 dpi ergibt entsprechend knapp 300 lpi.

Diese Faustformel kann nur ein erster Anhaltspunkt sein, denn die RIPs moderner Drucker arbeiten sehr ausgefeilt und komplex mit lasierenden Farben, die neben- aber auch übereinander gesetzt werden. So hat beispielsweise ein „fotorealistischer" Drucker bis zu sechs Farben zur Verfügung, auf die er zurückgreifen kann. Ein ausgefeilter RIP macht da auch bei relativ geringer Auflösung – 150 lpi oder 200 lpi beispielsweise – schon ein ganz hervorragendes Bild.

Die folgende Aufstellung kann als Anhaltspunkt für eine erste Einschätzung der tatsächlich notwendigen Halbtonauflösung bei der Ausgabe dienen:

Druckertyp, Auflösung	Empfohlene Ausgabeauflösung
Tintenstrahl 4c, 300 dpi	60 lpi
Tintenstrahl 4c, 600–700 dpi	120–150 lpi
Tintenstrahl 4c, 1000–1440 dpi	180–250 lpi
Tintenstrahl 6c, 600–700 dpi	150–200 lpi
Tintenstrahl 6c, 1000–1440 dpi	200–300 lpi
Halbtonausgabe, 300 dpi/ppi/lpi	100–300 lpi

Halbtondrucker und Printservices (siehe Abschnitt *5.5.2 Fotos ausbelichten* weiter hinten) kommen oft mit geringeren Datenmengen aus als gedacht: Auf Dursts Lambda etwa ergeben sich nach Aussagen eines Fachlabors schon mit 200 lpi hervorragende Ergebnisse; Großformate können sogar in noch geringerer Auflösung um etwa 125 lpi ausbelichtet werden (da hier in der Regel auch der Betrachtungsabstand steigt, kann das Auge die Feinheiten sowieso nicht mehr auflösen).

Stellen Sie dem Drucker nicht mehr Pixel als notwendig zur Verfügung: Die maximal sinnvolle Ausgabeauflösung liegt bei etwa 300 lpi. Höhere Auflösungen machen keinen Sinn, denn die kann das Auge auch bei kurzer Betrachtungsentfernung nicht mehr auflösen.

5.5 Ausgabe

Nachdem Sie Ihre Bilddaten solchermaßen für die Ausgabe optimiert haben, können Sie auf das vorgesehene Medium ausgegeben werden.

5.5.1 Tintenstrahldruck

Die mögliche Qualität bei einer Ausgabe auf dem eigenen Drucker hängt maßgeblich auch von der verwendeten Papiersorte und -güte ab. „Fotorealistische" Druckerpapiere für Tintenstrahldrucker sind relativ teuer, allerdings auch ähnlich komplex aufgebaut wie herkömmliche Fotomaterialien und nur mit ihnen wird eine wirklich perfekte Wiedergabe von Fotos gelingen.

Tintenstrahldrucke sind ein komplexer Prozess. Grafik: Canon

Was das passende Druckerpapier für fotorealistische Ausdrucke angeht, so ist der Sachverhalt hier ähnlich komplex wie bei den Tinten. Je nach Viskosität der Tinte und Saugfähigkeit des Papiers können hervorragende, aber auch mangelhafte Ergebnisse resultieren.

Für die hochwertige Bildausgabe scheiden normale Papiere von vornherein aus. Dazu ist die Tinte zu teuer, das Papier zu schlecht. Die Tinte verläuft und Farbintensität und Schärfe sind dahin.

Denken Sie sowohl bei der Auswahl Ihrer Tintenkartuschen wie Druckerpapiere daran, dass die bestmögliche Qualität nicht immer verlangt ist. Mindestens in solchen Fällen können Sie durch den Rückgriff auf die Angebote der Fremdhersteller viel Geld sparen.

Es muss nicht immer das teure Spezialpapier sein: Für Experimente und besondere Effekte sind die unterschiedlichsten Materialien wie zum Beispiel Stoffe oder Aquarellpapiere hochinteressant. Mit Tintenstrahldruckern lässt sich prinzipiell (fast) alles bedrukken. Ideal sind Tintenstrahldrucker mit geradem Papierweg. Probieren Sie aus, ob Ihr Drucker das fragliche Material transportieren kann. 

Hinsichtlich ihrer Spezialpapiere betonen natürlich alle Hersteller, dass nur auf ihrem Medium optimale Qualität erzielbar sei. Das stimmt nicht unbedingt. Dennoch, wer keine Lust auf umfangreiche Tests hat beziehungsweise keinen solchen Test (für sein Druckermodell!) in einer Fachzeitschrift findet, der fährt am sichersten, wenn er auf die empfohlenen Originalpapiere des Druckerherstellers zurückgreift. Die sind leider meist auch am teuersten.

Hervorragende Ergebnisse lassen sich durchaus auch mit Fremdpapieren erzielen; leider gibt es hier keine Garantie, dass das gewählte Papier auch mit dem eigenen Drucker und dessen Tinten harmoniert. Hier lässt sich allerdings im Laufe der Zeit erhebliches Geld einsparen, sofern ein fremdes Papier den eigenen Qualitätsansprüchen genügt. Ob das der Fall ist, können Sie in folgender Weise herausfinden:

1. Kaufen Sie sich ein paar der empfohlenen Originalpapiere und erstellen Sie darauf Referenzausdrucke.
2. Besorgen Sie sich Probepackungen der Fremdhersteller und drucken Sie dieselben Bilder aus.

Jetzt können Sie im direkten Vergleich entscheiden, wie die Qualität des fremden Papiers einzustufen ist. Es empfiehlt sich, vorher einen Blick auf die Webseite der Hersteller zu werfen: Dort finden sich unter Umständen ICC-Profile und weitere Tipps für den optimalen Ausdruck.

Übrigens: Meist wird dem Druckertreiber ein Schärfungsalgorithmus mitgegeben, der nicht immer abstellbar ist. Ist er abstellbar, dann schalten Sie ihn aus und schärfen Sie kontrolliert in der Bildbearbeitung. Ist er nicht abstellbar, dann sollten Sie das testen: Probieren Sie einmal an einem Testfoto aus (1x geschärft und 1x ungeschärft drucken), ob die Schärfung in Kamera respektive Bildbearbeitung überhaupt notwendig ist. Denn mehrfache Schärfung verschlechtert das Endergebnis eher.

Ihre Referenzausdrucke sollten Sie auf jeden Fall gut geschützt im Dunklen aufbewahren, denn dem Licht ausgesetzt verblassen die Farben und die Referenz verliert damit ihre Gültigkeit.

Kein Ausdruck ist vor dem Ausbleichen gefeit. Es hängt allerdings weniger vom verwendeten Papier denn von den verwendeten Tintenfarbstoffen ab, wie haltbar das Bild bei Lichteinwirkung ist. Relativ widerstandsfähige Tinten verwenden beispielsweise Epson und Hewlett Packard.

Kommt es auf maximale Haltbarkeit und Leuchtkraft Ihrer Fotos an, dann sollten Sie die Bilddaten in ein Profilabor zum Ausbelichten bringen. Bei einer Ausgabe auf das sehr farbkräftige und vor allem auch sehr lichtbeständige „Ilfochrome" oder auch auf Farbnegativpapiere von Markenherstellern sind Ergebnisse möglich, an die der heimische Ausdruck bei weitem nicht heranreicht.

5.5.2 Ausbelichtung

Eine der wichtigsten Voraussetzungen für die Massenverbreitung der digitalen Fotografie ist mittlerweile gegeben: Die digitale Fotografie bietet dem Endanwender eine ähnlich geschlossene Verarbeitungskette wie dies in der konventionellen Fotografie bereits seit langem der Fall ist: Er gibt seine Bilder, wie immer sie gespeichert sein mögen, beim Fotohändler ab und bekommt sie zu günstigen Preisen wenig später fertig ausgedruckt oder belichtet wieder.

Angeliefert werden können die Daten auf jedem gängigen Datenträger wie CD-R, CD-RW oder DVD-R, daneben können natürlich auch die verschiedenen Speichermedien digitaler Kameras wie Smart Media, Compact Flash und Memory Stick gelesen werden.

Wer ein Übriges tun möchte, speichert die auszubelichtenden Daten in einzelnen Ordnern, getrennt nach der Ausgabegröße, ab oder nimmt die gewünschte Bildgröße in den Namen der Bilddatei auf. „Oma30x40cm.tif" zum Beispiel.

Die Ausbelichtung der Fotos via Printservice gleicht eher der konventionellen Fotografie denn einem (fotorealistischen) Ausdruck, erfolgt die Ausbelichtung der Bilddaten doch auf konventionellem Fotopapier – und das zu Preisen, die nicht mehr über denen eines konventionellen Fotoabzugs liegen.

Wer sich die Verbrauchskosten seines Tintenstrahldruckers oder sonstigen Farbdruckers einmal durchrechnet, wird feststellen, dass er zu Hause auf keinen Fall billiger wegkommt; ganz im Gegenteil. Hier liegen die Vorteile vor allem in der sofortigen Verfügbarkeit.

Demgegenüber hat die Ausgabe auf Fotopapier ein „richtiges" Foto zur Folge, das deutlich widerstandsfähiger und farbbeständiger ist als ein Ausdruck.

*Bildbestellung
per Internet.*

Der Weg zum eigenen Foto bleibt aber nicht auf den Fotohändler beschränkt. Wer einen Anschluss ans Internet hat, kann seine Fotos auch direkt an einen Printservice senden und bekommt ein paar Tage später die fertig ausbelichteten Fotos auf dem Postwege zugesandt. Solche Dienste sind unter anderem unter folgenden Adressen erreichbar:

www.bilderservice.de
www.colormailer.de
www.fotoquelle.de
www.photoprintonline.com
www.pixum.com

Auf den Webseiten der Anbieter finden sich nicht selten Hilfsprogramme zur Bildbearbeitung und für den Bildtransfer zum Anbieter. Daneben auch alle notwendigen Informationen hinsichtlich der Größe von Bilddateien und der jeweils möglichen Ausgabegrößen. Das könnte so aussehen:

50 x 70 cm, mindestens 1536 x 2048 Pixel (Digitalkamera mit 3,3 Megapixeln).
40 x 50 cm, mindestens 1200 x 1600 Pixel (Digitalkamera mit 2,1 Megapixeln).

Mit das Beste, was in diesem Zusammenhang angeboten wird, ist eine Ausbelichtung mit dem Durst Lambda auf das Ilfochrome-Papier. Der Durst Lambda ist einer der augenblicklich besten Ausbelichter mit echter Halbtonauflösung und Ilfochrome ist seit Jahrzehnten eines der besten Fotopapiere, wenn es um Leuchtkraft der Farben und Farbbeständigkeit geht. In dieser Kombination erhalten Sie schlicht atemberaubende Ergebnisse.

Das Ganze ist allerdings nicht eben billig, auch nicht für den Anbieter dieser Technologie, und Sie werden es deshalb nur in einigen wenigen spezialisierten Profilaboren finden. Ein Blick in die Gelben Seiten des Telefonbuches (Fotolabore, Belichterstudios und so weiter) und eine telefonische Nachfrage klären den Sachverhalt.

Aufgrund seiner ganz besonderen Technologie liefert der Durst Lambda schon bei 200 ppi eine hervorragende Qualität und das wiederum bedeutet, dass auch Bilder aus einer Zwei-Megapixel-Kamera bei ausreichender Qualität der Rohdaten bis zum Format 13 x 18 cm und sogar 20 x 25 cm in fantastischer Qualität ausgegeben werden können.

Durch das patentierte „Continuous"-Rolle-zu-Rolle Belichtungssystem kann mit dem Durst Lambda jede beliebige Bildgröße vom „Briefmarkenformat" bis zu Riesenvergrößerungen produziert werden. Ein einziges, nicht in Streifen aufgeteiltes Bild kann dabei bis zu 1,27 m x 50 m groß werden.

5.5.3 Digitale Druckanweisung

Etliche Digitalkameras unterstützen das DPOF-Format (Digital Print Order Format) und bieten damit die Möglichkeit, die Bilder direkt aus der Kamera respektive Speicherkarte an den heimischen Drucker zu senden (der dafür eingerichtet sein muss) oder dem Fotohändler zu übergeben.

DPOF speichert neben den eigentlichen Bildinhalten weitere Informationen, um später ein automatisiertes Drucken durch den Printservice oder auf dem heimischen Drucker zu ermöglichen. Die DPOF-Informationen werden auf dem Speichermedium gespeichert und können durch Drucker oder andere Software-Anwendungen direkt gelesen werden.

DPOF v1.00 unterstützt folgende Funktionen:

- Auswahl und Anzahl der zu druckenden Bilder.
- Elektronischer Druckablauf. Die Informationen werden direkt vom Speichermedium ausgelesen, was Fehler weitgehend ausschließt. Auch Titel und Überschriften können definiert werden und sind dem Foto fest zugeordnet.

DPOF v1.10 unterstützt folgende zusätzliche Funktionen:

- Multi-Image Print gibt an, welche Aufnahmen auf einem Blatt gedruckt werden sollen. Hilfreich zur Anlage und Pflege von Foto-Alben.
- Spezifizierung des Bild-/Druckformates. Bereits in der Kamera kann die Bildgröße für die Ausgabe festlegt werden.
- Auto Transfer via Internet und Fax; Bilddateien können zusammen mit weiteren Nachrichten als E-Mail oder Fax versendet werden.
- Auto Play für die Diaschau. Auswahl und Anzeige ausgewählter Fotos.

In der Summe eine bequeme Möglichkeit, unkompliziert Fotos aus seinen Bilddaten zu erstellen. Der engagierte Fotograf wird DPOF zwar wohl nur selten nutzen und die Fotos doch lieber selbst in der Bildbearbeitung optimieren, doch der Massenverbreitung der digitalen Fotografie gibt das weiteren Vortrieb, wird der Umgang mit Digitalfotos doch noch einfacher. Der Computer wird in der Kette Aufnahme – Ausgabe völlig entbehrlich.

5.5.4 Druck von der Photo CD

Sowohl die Photo CD wie auch die Picture CD sind eigens für digitale Daten von analogem Filmmaterials gedacht; Kodak hat sie entwickelt und bietet damit einen Scanservice für Fotos an. Während die Picture CD gleich mit der Filmentwicklung bestellt werden muss (und nur einen Farbnegativfilm aufnimmt), kann die Photo CD bis zu 100 Kleinbildnegative oder -dias auch in mehreren „Sessions" – Brennvorgänge – enthalten.

Für die Picture CD werden nur Farbnegative gescannt. Kleinbild mit einer Auflösung von 1024 x 1536 Pixeln, Filme des Advanced Photo Systems (APS) mit 864 x 1536 Pixeln, in etwa der Qualität einer 2-Megapixel-Kamera also. Auf jeder CD findet sich ein einfaches Programm zur Bearbeitung der Bilddaten.

Auf der Photo CD werden die Fotos mit 3072 x 2046 Pixeln digitalisiert, während die Pro Photo CD Auflösungen bis zu 6144 x 4086 Pixel unterstützt. Mit ihr können zudem Bildformate bis 4 x 5 inch (ca. 9 x 12 cm) gescannt und gespeichert werden

Fotos von der (Pro) Photo CD respektive Picture CD sind im Schnellverfahren gescannte Bilder, die sich trotz relativ hoher Auflösung keinesfalls mit der High-End-Qualität vergleichen lassen, wie sie ein Chromacon-Hochleistungsscanner oder vergleichbare Geräte ermöglichen. Dafür kostet ein Scan aber auch nur einen Bruchteil dessen, was bei High-End-Scans für hochwertige Druckvorlagen zu veranschlagen ist.

Von der Photo CD lassen sich akzeptable bis gute Druckergebnisse bis etwa zum Format DIN A4 erstellen, wenn die Scandaten wie auch sonst üblich mit einem Bildbearbeitungsprogramm für den Druck aufbereitet werden.

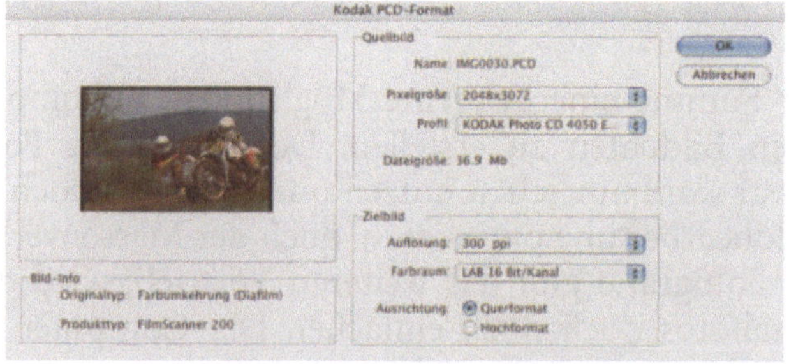

Foto von der Photo CD

Dazu gehören Korrektur von Kontrast, Helligkeit und Farbe, die Anpassung von Ausschnitt und Größe – siehe das Kapitel zur Bildoptimierung. Kommt ein gut eingestelltes Farbmanagement hinzu, dann können sich die Ergebnisse durchaus sehen lassen.

5.6 Virtuelle Drucke

Virtuelle Prints haben einige Vorteile:

- Sie sind kostenlos (vom Stromverbrauch der Geräte einmal abgesehen).
- Sie sind sehr schnell verfügbar. Die Zeitspanne reicht von sofort nach der Aufnahme (Bildschirmpräsentation) bis hin zu wenigen Stunden (digitale Dokumente).
- Die Darstellungsgröße überschreitet das normale Printformat ganz erheblich: So groß und brillant wie auf dem Monitor zeigen sich die Fotos sonst nur selten.

Zu bedenken bleibt dabei:

- Sie lassen sich schlecht herumreichen.
- Sie passen nicht in die Brieftasche.
- Sie sind flüchtig (wenn der Bildschirm ausgeschaltet wird, sind auch sie verschwunden).

5.6.1 Bildschirmpräsentation

Viele digitale Kameras haben einen TV-Anschluss, der für europäische Verhältnisse ein PAL-Signal liefern muss (das tun nicht alle). Doch wenn das der Fall ist, können Sie die Bilder vom Fest schon zum Nachtisch als digitale Diaschau reichen.

„Leibgerät" der digitalen Fotografie allerdings ist der Computer und selbstverständlich können die Bilder auch dort gezeigt werden; nicht nur im Bildbearbeitungsprogramm.

Sie benötigen ein Präsentationsprogramm wie PowerPoint, einen Filmabspieler oder ein Bildbetrachtungsprogramm mit Diaschau-Funktion.

Ein Präsentationsprogramm bietet die meisten Möglichkeiten, beispielsweise was die Bildübergänge, die Effekte und die Beschriftung angeht. Damit können Sie Vorführungen gestalten, die sich bei Besprechungen, auf Seminaren oder im Freundeskreis toll machen.

Für das schnelle Zeigen eines Bildordners wird man aber diesen Aufwand scheuen. In dem Fall bieten nahezu alle Programme des Marktes auch die Möglichkeit der Diaschau: Die Fotos eines Ordner werden nacheinander in einem einstellbaren Zeitintervall bildschirmfüllend angezeigt.

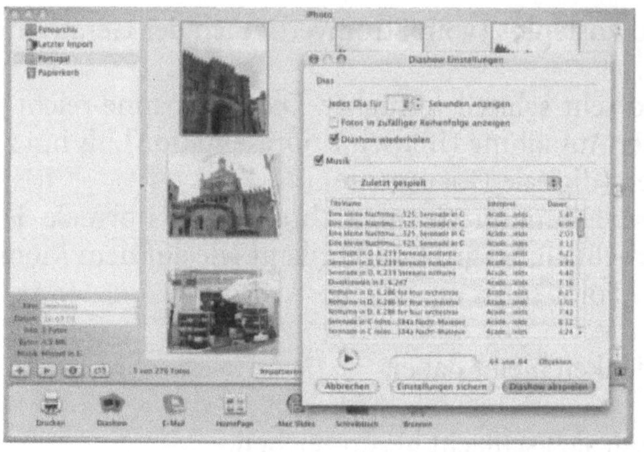

Vorbereiten einer Diaschau in iPhoto.

Neben der Bildarchivierung und -bearbeitung widmet sich das Programm iPhoto von Apple auch der Publikation und hält so ziemlich alles bereit, was sich der Fotoamateur wünscht:

- Ausdruck der Fotos.
- Albumgestaltung zum Ausdrucken.
- Diaschau mit Musikuntermalung.
- Weiterreichen an einen Printdienst zum Ausbelichten.
- Fotos als E-Mail versenden.
- Fotos auf der eigenen Homepage präsentieren.
- Fotos können als Schreibtischhintergrund oder Vorlage für den Bildschirmschoner genutzt werden.
- Fotos lassen sich als Datei, PDF, Webseite oder QuickTime-Film exportieren.

Für jede dieser Optionen gibt es Einzellösungen, die oft vielseitiger sind und bessere Ergebnisse versprechen. Doch für den, der unkompliziert und doch gekonnt seine Fotos präsentieren möchte, ist dieses Alles-Drin-Konzept genau richtig.

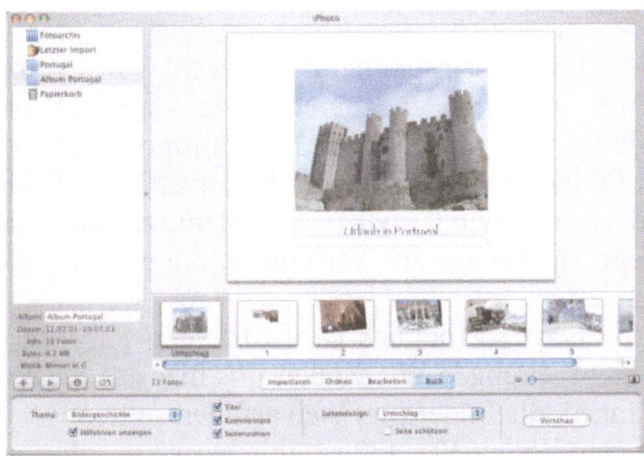

Das eigene Fotoalbum

Natürlich finden sich diese Optionen auch in anderen Programmen und unter Windows; wenn auch selten in der Ballung. Doch gegebenenfalls bemüht man eben für die jeweils gewünschte Ausgabeform jeweils ein anderes.

So beispielsweise lassen sich „Filme" aus den Fotos erstellen: Apple liefert QuickTime mit seinem Betriebssystem, Microsoft hat mit dem Windows Media Player Vergleichbares. Vorteil: Die fertigen Diaschauen können einfach an andere weitergereicht werden. Engagierte können das Ganze zudem Betiteln und mit Musik unterlegen. Hier die prinzipielle Vorgehensweise am Beispiel von QuickTime:

1. Skalieren Sie die Bilder in einem Bildbearbeitungsprogramm auf gleiche Größe – zum Beispiel 640 x 480 Pixel.
2. Sichern Sie alle Bilddateien in einem eigenen Projektordner und benennen Sie sie in der gewünschten Reihenfolge, zum Beispiel mit „1", „2", „3"…
3. Öffnen Sie im Programm QuickTime Player eine Bildsequenz. Sie werden nach dem Startbild gefragt. Sind die Bildnamen Ziffern (1, 2, 3, …), werden alle Bilder im gleichen Ordner in der Reihenfolge der Nummerierung geladen, wobei sich vorgeben lässt, wie lange ein Bild stehen bleiben soll.
4. Diese Diaschau sichern Sie abschließend.

Und jetzt kann jeder Rechner, der QuickTime installiert hat, die Diaschau abrufen. Mit dem Befehl *Film vorführen* wird der Bildschirm dunkelgeschaltet und dann läuft die Diaschau ab; gut geeignet für die Vorführung im kleinen Kreis.

5.6.2 Bilder für das Internet

Das Web – jenes weltumspannende Geflecht von Computern, die Informationen verwalten und bereitstellen – hat eine enorme Bedeutung erlangt und immer mehr Programme erlauben es, Dokumente und Bilder als „Webseite" (sprich: im HTML-Format) zu sichern. Und viele Provider stellen dem Benutzer auch „Webspace" für die eigene Homepage zur Verfügung, die er mit beliebigen Inhalten füllen kann.

Wie und was da so möglich ist, würde den Rahmen dieses Buches bei weitem sprengen Wir wollen uns hier auf die Anforderungen beschränken, die Bilder fürs Web erfüllen sollten:

Ein Bild der Größe 640 x 480 ist üblicherweise völlig ausreichend dimensioniert (selbst auf 21-Zoll-Monitoren). In der Regel sieht die Gestaltung ja Text, Bild und Grafik gleichermaßen vor und so fallen die Bildelemente sowieso meist kleiner aus. Das spart zudem Speicherplatz und beschleunigt die Bildladezeiten.

Die Bilder für das Web bereiten Sie so vor:

1. Legen Sie einen Projektordner für die Bilder an und kopieren Sie die Bilder dort hinein.
2. Die Bilder werden nötigenfalls beschnitten und skaliert. Wahlweise kann die Farbtiefe reduziert werden, um Speicherplatz zu sparen und die Ladezeiten zu verringern.
3. Abschließend werden sie im richtigen Format gespeichert: in Frage kommen JPEG oder GIF. Besonders pfiffig ist „Progressive JPEG", denn da sieht der Betrachter während des Ladens, wie sich das Bild aufbaut und langweilt sich weniger.

Solcherart vorbereitete Bilder können Sie nun in Ihre HTML-Dokumente einbauen und dann dem Rest der Welt zugänglich machen.

5.6.3 Digitale Dokumente

Wie Sie Bilder optimieren und für die Ausgabe auf unterschiedlichen Medien vorbereiten, das wissen Sie. Mit diesem Wissen können Sie auch daran gehen, digitale Dokumente zu erstellen, die andere lesen und betrachten können.

Faustregel: Bilder für Dokumente, die ausschließlich am Monitor gelesen werden, werden für den Bildschirm optimiert. Das hält die Dokumente klein. Bilder in Dokumenten, die auch ausgedruckt werden sollen, werden druckoptimiert (im Zweifel mit hoher Qualität von 300 dpi). Um die Bildschirmdarstellung kümmert sich das anzeigende Programm.

Neben speziellen Formaten, die auch ein spezielles Programm beim Empfänger voraussetzen, kommen für den plattformübergreifenden Datenaustausch vor allem zwei Formate in Frage: HTML (Hypertext Markup Language) und PDF (Portable Document Format). Beide können von praktisch jedem Computer dieser Welt gelesen werden.

Vorteil: Konvertierungen und Formatanpassungen (für DOS, Windows, Unix, …) entfallen. Das fertige Dokument kann ohne Änderungen auf allen Plattformen gelesen werden.

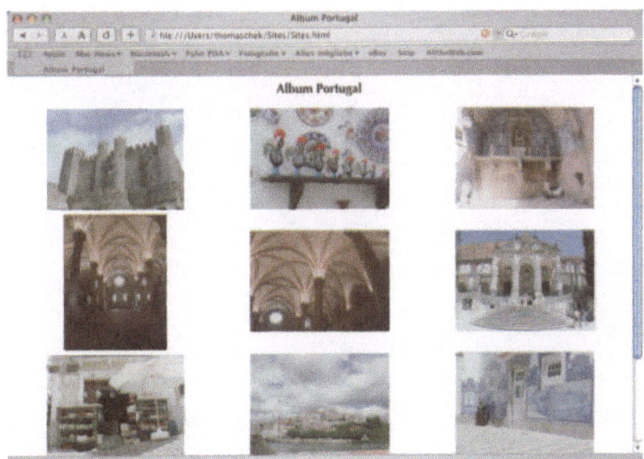

Foto-Webseite

HTML ist das Dokumentenformat des Internet und damit ein internationaler, plattformübergreifender Standard, der von jedem Computer dieser Welt verstanden wird, auf dem ein „Browser" (ein Programm zum Zugriff auf das Internet) läuft. Der Browser kann solche Dokumente auch „offline" – ohne aktiven Internetanschluss – öffnen und darstellen. Inklusive verschiedener Schriften, Stile – und mit Bildern.

Bei typographisch höheren Ansprüchen allerdings ist HTML völlig ungeeignet, denn ob die Darstellung beim Betrachter auch tatsächlich so sein wird wie beabsichtigt, ist nicht garantiert.

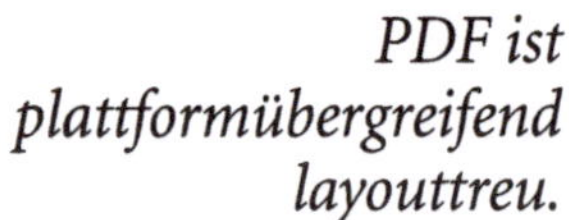
PDF ist plattformübergreifend layouttreu.

PDF kann genau das leisten: Es handelt sich dabei ebenso um einen plattformunabhängigen Standard. Der Acrobat Reader wird vom Hersteller Adobe für alle wichtigen Plattformen angeboten und kostenlos verteilt. Und eine PDF-Datei wird exakt in der Gestaltung angezeigt, die Sie vorgesehen haben. So lässt sich „Gedrucktes" wie Handbücher, Prospekte usw. auf Speichermedien (CD, Zip etc.) oder per E-Mail verteilen.

5.7 Haltbarkeit von Aufsichtvorlagen

Die Hersteller von Tintenstrahldruckern bemühen sich in letzter Zeit vermehrt um die Dauerhaftigkeit der Tintenfarbstoffe und konnten deutliche Verbesserungen erreichen. Dennoch sind Tintenstrahldrucke nur mit besonderen Maßnahmen zur Langzeithaltbarkeit zu überreden.

Dazu gehören Originaltinten und Spezialpapiere, sprich teuere Materialien. Dann allerdings garantieren die Hersteller 25 Jahre und mehr Haltbarkeit in Räumen, wo die Papiere nicht dem direkten Sonnenlicht ausgesetzt sind.

Besonders haltbar sind die Produkte von Epson. Die Firma verwendet Pigmenttinte und kann deshalb in Kombination aus UltraChrome und Spezialpapier eine Haltbarkeit von mehr als 100 Jahren garantieren.

Thermosublimations- und Thermotransferdrucke sind im besten Fall so haltbar wie herkömmliche Farbfotos, dabei allerdings anfällig für Abrieb und Verletzungen der Oberfläche. Die aufgeschmolzenen Farbstoffe können zudem anschmelzen und verlaufen.

Ausbelichtungen auf Fotopapier sind in etwa so lange haltbar wie Tintenstrahldrucke – 25 Jahre und mehr. Kommt es auf maximale Haltbarkeit und Leuchtkraft der Fotos an, dann sollten Sie eine Ausgabe auf das sehr farbkräftige und vor allem sehr lichtbeständige „Ilfochrome" erwägen. Auch qualitativ sind damit Ergebnisse möglich, an die auch der beste heimische Ausdruck bei weitem nicht heranreicht.

Zusammenfassend bleibt festzuhalten, dass die diversen Technologien zwar deutliche Fortschritte bezüglich der Langzeithaltbarkeit verzeichnen können, dass es aber mit vielen Materialien noch keine tatsächlichen Langzeiterfahrungen gibt.

Die existieren nur für klassische Fotomaterialien und deshalb ist der sicherste Weg zu einer Archivkopie der über das Fotopapier. Als am haltbarsten hat sich dabei das klassische Barytpapier erwiesen – sorgfältige Verarbeitung, Wässerung und eventuell Tonung vorausgesetzt. Aber auch moderne Farbpapiere sind sehr stabil.

Schenkt man zudem der Dauerhaftigkeit der digitalen Daten ein Augenmerk (siehe folgendes Kapitel), dann ist das digitale Foto prinzipiell extrem dauerhaft, denn sowie gewährleistet bleibt, dass die Datei lesbar ist, kann das Foto die Zeiten unverändert wie am ersten Tag überdauern.

5.7.1 Aufsichtvorlagen archivieren

Archiviert werden sollte im Dunklen unter 21° Celsius, die Luftfeuchtigkeit soll 50% nicht überschreiten und schädliche Dämpfe sind zu vermeiden. Metallische Behälter sind deshalb besser geeignet als solche aus Holz oder Kunststoff, die oft Konservierungsmittel oder leicht flüchtige Substanzen enthalten.

Bei Folien, Kunststoffen, Papieren und Kartons ist darauf zu achten, dass sie aus archivtauglichem Material hergestellt sind und keine Säuren, Weichmacher, Peroxide usw. enthalten. Am sichersten sind spezielle Archivierungshilfen, wie sie der Fotofachhandel in vielfältiger Form in der geforderten Qualität anbietet. Bildhüllen, Alben, Negativtaschen usw. sind dort auch säure- und weichmacherfrei erhältlich.

Die einzelnen Bilder sind separat in Schutzhüllen aufzubewahren. Gut geeignet sind hier beispielsweise Bildalben.

Eine Schädigung ist auch durch Staub, Luftzug oder direkten Kontakt mit Materialien, die Chemikalien enthalten, möglich. So können die Farben eines Tintenstrahldrucks bei ständigem leichten Luftzug schnell verblassen.

Kapitel 6

Katalogisieren und Archivieren

6.1 Dauerhaftigkeit von Daten

Wohl jeder von uns hat irgendwo noch einen Schuhkarton mit alten Fotos herumstehen. Da finden sich Bilder, Negative und Dias, die 30, 50 und noch viel mehr Jahre alt sind. Unter Umständen finden sich da sogar Fotos aus dem 19. Jahrhundert, die mittlerweile über hundert Jahre alt sind.

Sie können nun beliebige Aufnahmen aus diesem Schuhkarton fischen, damit zum Fotohändler gehen und Kopien (Bild vom Bild) oder Vergrößerungen (von den Negativen und Dias) bestellen. Innerhalb weniger Tage liegen die fertigen Fotos vor. Von den ganz alten Glasplatten einmal abgesehen; mit denen müssen Sie ins Fachlabor. Dennoch: Jeder analoge Bildträger ist auch heute noch vergleichsweise problemlos nutzbar.

Doch versuchen Sie dasselbe mal mit einer 5-1/4-Zoll-Diskette (die noch vor zehn Jahren weit verbreitet war). Dann wird Sie der Fotohändler nur verständnislos ansehen: „Die kann ich leider nicht mehr lesen.“

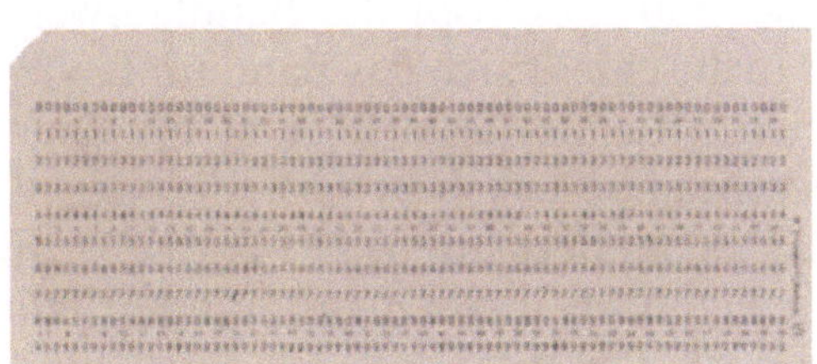

Kann Ihr Computer diese Lochkarte lesen? Foto: Automatik-Museum Leipzig

Sie sehen, worauf es hinaus läuft: So kurzlebig wie die Technologie des Computers sind auch seine Speichermedien und Datenformate. So haben wissenschaftliche und militärische Organisationen rund um die Welt heute große Probleme mit älteren Datenbeständen. Es mangelt einerseits an den passenden Lesegeräten, andererseits „lösen“ sich die magnetisch gespeicherten Daten langsam auf. Wertvolles Wissen aus den 60er und 70er Jahren schwindet dahin.

Damit das Ihren Fotos nicht auch in einigen Jahren passiert, sollten Sie bei der Speicherung und der Archivierung folgendes berücksichtigen:

Wählen Sie ein Standard-Dateiformat für die Bildspeicherung. Wir empfehlen das Format „TIFF". Manche Kameras benutzen eigene oder modifizierte Dateiformate. Bilder, die so abgelegt sind, können dann nur mit der proprietären Software zur Kamera geöffnet werden. Doch was ist, wenn diese Transfersoftware mit der nächsten Version des Betriebssystems nicht mehr funktioniert? Oder das Plug-In mit der neuen Photoshop-Version seinen Dienst verweigert? Außerdem liefert der Hersteller keine Updates mehr für die Software der Kamera, da die Kamera längst aus dem Programm genommen wurde…

Alle magnetischen Speichermedien sind letztlich flüchtig. Für eine vergleichsweise kurze Zeitspanne bis etwa fünf Jahre halten sie die Daten sehr zuverlässig, dann aber verlieren sie zunehmend die Magnetisierung und damit auch die Daten. Festplatten, Disketten, Zip- und Jaz-Medien und dergleichen eignen sich aufgrund ihrer Schnelligkeit sehr gut als Arbeitsmedium, nicht aber zur Langzeitarchivierung wichtiger Daten.

Auch Bandlaufwerke für die Datensicherung und das Backup eignen sich zwar hervorragend für die tägliche respektive relativ kurzfristige Datensicherung, haben aber dieselben Probleme wie jede magnetische Speichertechnologie und unterliegen zudem einem zunehmenden Verschleiß, denn das Speichermedium Magnetband und der Schreib-/Lesekopf des Bandlaufwerks berühren einander. Im Gebrauch schleift sich das Band im Laufe der Zeit ab.

Augenblicklich sind die beste Lösung für dauerhafte Archivierung wiederbeschreibbare CDs (CD-R) oder DVDs (DVD-R; DVD+R). Kodak reklamiert für seine Photo CD (nichts anderes als eine CD-R) eine Haltbarkeit von bis zu hundert Jahren.

Es gibt aber auch Berichte, dass sich auch die Daten auf CD-R innerhalb weniger Jahre verflüchtigt haben. Insbesondere dann, wenn die Medien längere Zeit im Hellen lagen. Sie sollten deshalb nur wieder beschreibbare CDs von Markenherstellern benutzen und die dann auch möglichst im Dunklen lagern.

CD-RWs (mehrmals wieder beschreibbare CDs) sind grundsätzlich als weniger haltbar einzustufen als CD-Rs. Über die neue DVD-R liegen noch keinerlei Langzeiterfahrungen vor. Da die Scheibe aber relativ komplex aufgebaut ist, sollten Sie unserer Ansicht nach für die nächsten Jahre bei der Datenarchivierung lieber (zusätzlich) auf die CD-R vertrauen.

Dabei kann die Tatsache, dass CD-Rs nur einmalig beschrieben werden können, durchaus ein großer Vorteil sein: Ist man so doch gezwungen, die nächste Datensicherung auf einem neuen Medium vorzunehmen. So könnte beispielsweise der Arbeitsordner „Bilder" regelmäßig von der Festplatte auf CD-R gesichert werden. Stellt sich nun heraus, dass die Bilddatei auf der Festplatte beschädigt ist, dann lassen sich Generationen der CD-Rs durchforsten und mit ein wenig Glück findet man dort noch eine intakte Datei.

Ganz besonders wichtig wird es sein, bei einem Wechsel des Computers oder gar Computersystems seine Datenbestände im Auge zu behalten und vor dem endgültigen Wechsel die Wege zu klären, auf denen die Daten mitgenommen werden können. 

Denken Sie in diesem Zusammenhang bitte noch einmal an das Beispiel mit dem 5-1/4-Zoll-Diskettenlaufwerk, das eingangs erwähnt wurde. Wir neigen dazu, die aktuellen Technologien für ausgereift und beständig zu halten. Doch ein Blick zurück, es genügen zehn Jahre, zeigt, dass sich die Speichertechnologien doch ganz erheblich geändert haben. Das betrifft nicht nur die Geräte, sondern auch die Schnittstellen und die Unterstützung, die das Betriebssystem bestimmten Speichertechnologien gewährt – oder auch nicht.

Aufgrund dieser Überlegungen ist auch Backupsoftware, die in einem eigenen Datenformat ablegt, als problematisch anzusehen, was die Langzeitarchivierung angeht. Da der Zugriff auf die Daten untrennbar mit dem Backupprogramm verbunden ist, sind auch die Daten verloren, wenn das Programm aus irgendwelchen Gründen nicht mehr verfügbar sein sollte.

6.2 Speichermedien

Wie lange möchten Sie Ihre digitalen Fotos aufbewahren? Fünf Jahre, zehn Jahre oder gar noch länger? Wahrscheinlich deutlich länger als zehn Jahre. Im Grunde wohl „für immer", wie lange das auch sein mag.

Der Speicherung digitaler Bilddaten kommt mithin zentrale Bedeutung zu und das geeignete Speichermedium ist vor allem in Hinblick auf Kapazität, Datentransfer und Dauerhaftigkeit auszuwählen.

Kapazität: Digitale Bilder beanspruchen viel Speicherplatz. Um sie zu archivieren, werden deshalb vorzugsweise Wechselmedien mit hoher Speicherkapazität verlangt.

Datentransfer: Sollen die digitalen Bilddaten an andere Systeme übergeben werden, beispielsweise für eine Ausbelichtung oder als Druckvorlage, so müssen Wechselmedium und Dateiformat vom Empfänger gelesen werden können.

Dauerhaftigkeit: Dieser Punkt wird bei den einzelnen Speichertechnologien noch erläutert.

Die in Frage kommenden Speichermedien unterscheiden sich vor allem hinsichtlich der Technologie der Datenträger: Entweder sie sind „floppy" (nachgiebig) oder „hard" (fest), Festplatten eben. Festplatten erlauben prinzipiell höhere Datentransferraten – sie sind fixer beim Lesen und Schreiben von Daten.

Von Speicherkarten wie Compact Flash und Konsorten wird hier nicht die Rede sein, denn deren Kapazität ist für Archivierung zu gering, und die Kosten pro Megabyte Speicher viel zu hoch. Ihr Einsatzzweck liegt woanders.

6.2.1 Festplatte

Die Festplatte gehört zu den zuverlässigsten und preiswertesten Massenspeichern für die kurzfristige Speicherung von Daten (einige Jahre). Die Technik ist dem Prinzip nach seit dem ersten „Winchester-Drive" (entwickelt von IBM) unverändert geblieben: Eine starre magnetisierbare Scheibe dreht sich mit hoher Geschwindigkeit, und die dabei entstehende Luftströmung ermöglicht es dem Schreib-/ Lesekopf, auf einem Luftkissen in geringster Höhe über der Platte zu schweben und magnetisierte Daten zu lesen und zu schreiben.

Moderne Festplatten zeichnen sich durch hohe Kapazität und schnelle Zugriffsgeschwindigkeit aus. Selbst kleinere Computersysteme werden heute standardmäßig mit 40-Gigabyte-Festplatten und mehr ausgerüstet.

Langzeithaltbarkeit ist aber nicht gegeben; die Daten bleiben verlässlich etwa 5 Jahre lang gespeichert.

6.2.2 Diskette

Viele Windows-Computer werden nach wie vor mit einem Laufwerk ausgeliefert, das Disketten bis zu einem Fassungsvermögen von 1,4 Megabyte lesen und beschreiben kann. Apple verzichtet seit einiger Zeit auf interne Diskettenlaufwerke, es existieren allerdings externe Lösungen, die an USB angeschlossen werden.

Der flexible Datenträger (Floppy Disk = „flexible Scheibe") befindet sich in einem Schutzgehäuse aus Kunststoff; ein Schieber gibt beim Einlegen eine Öffnung auf das empfindliche Medium für den Schreib-/Lesekopf frei. Nach dem Einlegen wird die magnetisierte Scheibe in eine Rotation mit 300 U/min versetzt, und durch die Fliehkraft stabilisiert sie sich – aus der flexiblen wird eine weitgehend starre Scheibe.

Disketten sind leicht zu transportieren, preiswert und einfach zu beschaffen. Allerdings sind die 1,4 Megabyte Fassungsvermögen in der heutigen Zeit nicht mehr standesgemäß. Und was das Arbeitstempo anbelangt, sind Disketten die langsamsten aller heute verfügbaren Speichermedien.

Aufgrund des Prinzips (flexibler dünner Datenträger mit magnetisierbarer Schicht), sind Disketten durch starke Magnete (Lautsprecher, Monitore, Büroklammerhalter usw.) gefährdet.

Die Langzeithaltbarkeit von Disketten ist wie die aller magnetischen Medien als kritisch einzustufen. 5–10 Jahre sind kein Problem, doch alles was darüber hinausreicht, kommt einem Glücksspiel gleich.

6.2.3 Superdisk

Genau wie bei konventionellen Disketten werden die Daten bei der Superdisk magnetisch auf einer flexiblen Scheibe gespeichert. Es handelt sich dabei im Grunde um eine modifizierte Diskette, auf der Markierungen angebracht sind, mit deren Hilfe ein Lasersensor die Schreib-/Leseköpfe wesentlich genauer positionieren kann.

Mit einer Kapazität von 120 Megabyte – die Spurendichte stieg von 135 Spuren pro Inch auf über 1000 – ein im Grunde interessanter Nachfolger für die Diskette.

Doch die Superdisk konnte sich nicht durchsetzen und die Produktion wurde eingestellt. Sie ist wie SyQuest- und Jaz-Medien ein weiteres Beispiel für die teilweise doch sehr geringe Langzeitstabilität von Speichernormen. Die Haltbarkeit bespielter Medien liegt bei unter 15 Jahren und ist deshalb als kritisch einzustufen. Eventuell vorhandene Restbestände sollten bald überspielt werden.

6.2.4 Zip

Das Zip-Laufwerk von Iomega wurde in einige Rechnern standardmäßig eingebaut, ist aber auch als externes Laufwerk mit USB-Schnittstelle erhältlich. Bei vergleichbarer Größe sowohl des Laufwerkes wie auch der Wechselmedien bietet es deutlich schnellere Schreib- und Leseraten als ein Diskettenlaufwerk und eine ungleich höhere Kapazität. Ist es doch gut 25mal schneller als ein Diskettenlaufwerk (Datentransferrate ca. 0,8 MB/s gegenüber 0,03 MB/s bei einer Diskette) und auf eine 3,5-Zoll-Diskette passen knapp 100, 250 oder 750 Megabyte Daten (Zip 100, Zip 250, Zip 750).

Das Aufzeichnungsprinzip entspricht dem einer Diskette. Mit 3000 U/min beschleunigt das Zip-Laufwerk auf exakt die 10fache Geschwindigkeit eines Diskettenlaufwerks. Das ermöglicht in Verbindung mit optimierter Laufwerkstechnik höhere Datendichten, schnelleres Lesen der Daten und in der Summe eine gut 70mal so hohe Speicherkapazität.

Zips können sich zwar hinsichtlich Geschwindigkeit mit modernen Festplatten nicht vergleichen (die sind 4–20mal schneller), sind aber trotzdem noch schnelle und einigermaßen zuverlässige Datenträger. In der Praxis zeigen sich jedoch öfter Defekte und Ausfälle. Als Medium für den Datentransport sind sie deshalb geeignet, der Einsatz als Backupmedium ist aber nicht empfehlenswert.

Aufgrund das flexiblen dünnen Datenträgers mit magnetisierbarer Schicht sind sie durch starke Magnete (Lautsprecher, Monitore, Büroklammerhalter usw.) gefährdet.

Die Langzeithaltbarkeit von Zips ist wie die aller magnetischen Medien als kritisch einzustufen. Rund 10 Jahre können angesetzt werden.

6.2.5 Wechselplatte

Populär wurden die Wechselplatten einst mit den 44-MB-Wechselplatten der Firma SyQuest, die etwas später durch Medien mit 88 Megabyte Kapazität und dann 200 Megabyte Kapazität ergänzt wurden. Wie bei kaum einem anderen Datenspeicher ist hier abzulesen, wie schnell eine Technologie veraltet sein kann. Von SyQuest-Wechselplatten spricht heute kaum mehr einer; käuflich zu erwerben sind sie schon lange nicht mehr.

Nachfolger der alten SyQuest-Laufwerke waren die EZ-Laufwerke (ausgesprochen wird das „EZ" wie „Easy" = leicht) EZ-135 S mit 128 Megabyte und der EZFlyer mit 230 Megabyte Kapazität; die konnten sich aber nicht durchsetzen.

Eine Zeit lang bot der Hersteller Iomega mit den Jaz-Drives große Wechselplatten an mit 1 Gigabyte oder 2 Gigabyte Kapazität an. Aufgrund nicht erreichter Absatzzahlen allerdings wurde die Produktion eingestellt – und die Anwender im Regen stehen gelassen.

Moral aus der Geschichte: Setzen Sie bevorzugt auf offene Standards, die nicht nur von einem Hersteller angeboten werden. Das erhöht die Chancen der Langlebigkeit und wirkt sich mit Sicherheit auch positiv auf den Wettbewerb und damit den Preis der Geräte und Medien aus.

Besonders von älteren SyQuest-Laufwerken ist bekannt, dass massive Datenverluste und Laufwerksschäden auftreten können, wenn die Wechselplatte über lange Zeit im Laufwerk rotiert. Die Haltbarkeit liegt bei etwa 5 Jahren und ist deshalb als kritisch einzustufen.

6.2.6 Magneto-optische Disk

Magneto-optische Laufwerke kombinieren die Vorteile magnetischer Speicher (Festplatte) und optischer Speicher (CD-ROM) und

versuchen die jeweiligen Nachteile zu vermeiden. So erreichen sie Unempfindlichkeit und hohe Datendichten.

Die Datenspeicherung erfolgt auch bei einem MO-Medium (Magneto-Optical) auf einer unterschiedlich magnetisierten Speicherschicht. Ein schwaches Magnetfeld ist allerdings nicht in der Lage, die Magnetisierungsrichtung dieses Speichermediums umzukehren; magneto-optische Medien sind deshalb gegen Magnetfelder weit unempfindlicher als Disketten und ähnliche Speichermedien.

Erst wenn die Speicherschicht von einem Laserstrahl auf etwa 200° Celsius erwärmt wird (die exakte Temperatur hängt von der Beschichtung ab), kann die Speicherschicht auch von schwachen Magnetfeldern verändert werden.

Beim Lesen wird ein weiterer, schwächerer Laser auf das Medium gelenkt. Abhängig von der Magnetisierungsrichtung des Speichermediums reflektiert der Laserstrahl um einen winzigen Versatz gedreht zurück – das kann mittels einer optischen Differenzmessung registriert werden.

Aufgrund dieser Technologie sind MO-Laufwerke äußerst unempfindlich gegen Staub. Ein Staubpartikel kann allenfalls einen Lese- oder Schreibfehler verursachen, es ist aber sehr unwahrscheinlich, dass Speichermedium oder Laufwerk Schaden leiden.

Auf 3,5 Zoll – also derselben Größe wie eine Diskette – finden 128, 230, 640 Megabyte, 1,3 oder gar 2,3 Gigabyte Daten Platz. Gute Laufwerke sind abwärtskompatibel und können die Optical Disks geringerer Kapazität zumindest lesen. Die Datentransferrate liegt je nach Modell zwischen knapp 1 MB/s und gut 2 MB/s.

Die optischen 5,25-Zoll-Laufwerke funktionieren wie die vorher beschriebenen 3,5-Zoll-Ausführungen, allerdings mit dem Unterschied, dass sie auf größeren Medien 600 Megabyte, 1,2 oder 2,3 Gigabyte fassen. Doppelseitige Medien bieten sogar bis zu 5,2 Gigabyte Kapazität, müssen aber per Hand gedreht werden, um die zweite Seite zu erreichen, da der Laufwerksmechanismus nicht doppelseitig arbeitet.

Die Haltbarkeit wird auf 5–100 Jahre geschätzt.

6.2.7 Magnetband

Digitale Bandlaufwerke, auch Streamer genannt, sind die perfekte Lösung für riesige Datenbeständen. Auf einer Kassette finden unkomprimiert je nach Modell, Backup-Verfahren und Bandart zwischen 0,15 Gigabyte (uralte QIC-Laufwerke), 12 Gigabyte (DAT-Laufwerke nach DDS-3 Norm) bis hin zu 260 Gigabyte (AIT-2) Platz. Mit Hardware- und Softwarekompression kann das Speichervermögen teilweise gut verdoppelt werden.

Die Datenaufzeichnung erfolgt sequentiell (der Reihe nach) und unterscheidet sich damit grundlegend von anderen Wechselmedien. Der Lesekopf kann nicht direkt auf bestimmte Daten zugreifen, sondern das Band muss erst an die richtige Stelle transportiert werden. Bandlaufwerke können deshalb auch nicht so bequem wie andere Wechselmedien benutzt werden: Die erscheinen auf dem Schreibtisch; Dateien, Programme und Ordner lassen sich ansehen, öffnen und starten.

Mit Streamern geht das nicht. Sie sind geeignet, um (große) Datenmengen in einem Rutsch zu lesen oder zu schreiben – für Backups. Diese Andersartigkeit des Bandlaufwerks bietet allerdings den großen Vorteil, dass das Betriebssystem auch nicht einfach so auf die Daten zugreifen kann. Datendefekte aufgrund eines wild gewordenen Programms und Virenattacken im Besonderen sind prinzipiell ausgeschlossen. Selbstverständlich werden Viren, die sich bereits anderswo befinden, auch mit auf das Band gesichert. Aber direkt angreifen können sie das Band nicht. Sie können sich auch nicht heimlich auf dem Band ausbreiten. Taucht also eines Tages ein bösartiger Virus auf, dann haben Sie hoffentlich ein Band oder ein anderes (isoliertes) Medium mit einem Backup im Schrank.

Gute Bandlaufwerke haben getrennte Köpfe zum Schreiben und Lesen und überprüfen bereits bei der Aufzeichnung die Daten: Der Lesekopf überprüft das, was der Schreibkopf gerade auf das Band bringt (read-after-write). Treten Unstimmigkeiten auf, so wird der betreffende Datenblock automatisch erneut aufgezeichnet.

Bei Bandlaufwerken ist jedoch auch ein Verschleiß einzukalkulieren. Im Gegensatz zu den anderen Wechselmedien kommt der Schreib-/Lesekopf mit dem Band in Kontakt, und das Bandmaterial wird im Laufe der Zeit abgerieben. Nach tausend Schreib- oder Lesevorgängen gehört ein Band deshalb in den Abfallkorb. Und weil das Band bei einem Backup mehrmals durchläuft, ist es nach zweihundert Tagen (bzw. einem Arbeitsjahr) „abgenudelt".

Die Haltbarkeit liegt zwischen 5 und 30 Jahren.

6.2.8 CD-R und CD-RW

Dank der hohen Kapazität und der extrem handlichen Scheiben ist die CD-ROM ein idealer Datenspeicher; für Backups ebenso wie für den Datentransport. Zumal die Wahrscheinlichkeit, dass der Empfänger ein CD-ROM-Laufwerk besitzt, sehr hoch ist. Höher als bei allen anderen Laufwerken respektive Medien.

Zum Brennen werden ein spezieller CD-ROM-Rekorder sowie spezielle, beschreibbare CDs benötigt. Gute CD-R-Rekorder neueren Datums können sowohl CD-R (einmalig beschreibbar) als auch CD-RW (bis zu 1000mal überschreibbar) mit bis zu 40facher Geschwindigkeit brennen – und dazu noch als normales CD-ROM-Laufwerk mit bis zu 48facher Geschwindigkeit fungieren. Ältere Brenner verstehen sich nur mit der CD-R.

CD-ROM-Recorder benutzen ebenso wie CD-ROM-Laufwerke einen Laser – können damit die Daten aber sowohl lesen wie auch (auf Spezialmedien) schreiben.

CD-Brenner und
DVD-Spieler
Foto: Sony

Um den Brennvorgang zuverlässiger zu machen, nutzen moderne Laufwerke das „packet writing" (den paketweisen Datentransfer). Eine Unterbrechung des Datentransfers kommt dann nicht gleich einer Katastrophe gleich. Im Fehlerfall wird dieses eine Paket noch einmal neu geschrieben. Mit dieser Technik wird es im Übrigen auch möglich, Audio-CDs und Multimedia-CDs, die bei kontinuierlichem Datenstrom besonders hohe Anforderungen an den Rechner stellen, ohne Probleme zu brennen.

CD-Rekorder mit BURN-Proof-Technologie (BUffer UndeRruN Proof) können den Schreibvorgang bei ungenügendem Datenstrom abbrechen, später den Laser wieder punktgenau positionieren und an derselben Stelle mit dem Brennvorgang fortfahren. Dazu bedarf es allerdings spezieller Laser und Controller.

Entscheidend für die Brauchbarkeit eines Brenners ist vor allem die mitgelieferte Software. Sie sollte die unterschiedlichen Datenformate einer CD ebenso unterstützen wie mehrere „Sessions" zulassen (freier Platz kann nachträglich beschrieben werden). Jedem CD-Brenner liegt auch ein Brennprogramm bei; nicht selten ist das Toast von Roxio, ein solides Programm mit gutem Funktionsumfang.

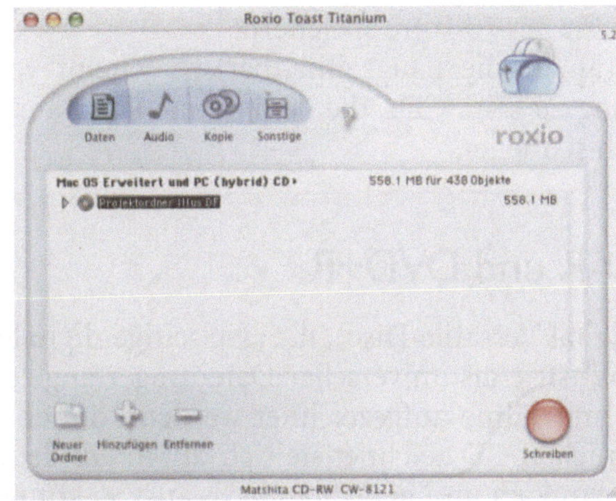

*Das Brennprogramm
Toast brennt
CD und DVD.*

Während sich eine CD-R nur einmal beschreiben lässt, kann eine CD-RW mehrmals beschrieben werden; die Hersteller garantieren 1000 Schreibzugriffe. Allerdings gleicht eine einmal beschriebene CD-R nach dem Brennen einer herkömmlichen CD, die CD-RW hingegen nicht.

Eine auf CD-R gebrannte Audio-CD kann auch im ältesten CD-Abspieler angehört werden, eine per CD-R erstellte Daten-CD wird auch vom uralten CD-ROM-Laufwerk einfacher Geschwindigkeit problemlos gelesen (sofern sie in einem Dateiformat wie High Sierra, ISO oder HFS vorliegt).

Die CD-RW dagegen wird nur in modernen Laufwerken erkannt, die dafür besondere Leseköpfe haben, und die selbstverständlich auch die herkömmliche CD und CD-R lesen können.

Nachteilig ist an einer CD-R vor allem der Schreibvorgang. Das Schreiben der Daten für eine komplette CD dauert: Bei einem Brenner mit 8facher Geschwindigkeit etwa benötigt das Schreiben circa

9 min – und die Daten sollten dann noch verifiziert werden; was noch einmal genauso viel Zeit beansprucht. Schnelle Brenner mit 16facher und höherer Geschwindigkeit reduzieren zwar die Zeitspanne, sind aber recht laut und auch da ist das Schreiben der Daten immer eine Sache von Minuten statt Sekunden.

Obwohl die CD-R nicht ganz so widerstandsfähig ist wie eine gepresste CD, garantieren die Hersteller Datensicherheit für 10 Jahre. Tests mit einer künstlichen Alterung in der Klimakammer haben – bei vernünftiger Lagerung – eine theoretische Haltbarkeit von über 100 Jahren gezeigt.

CD-RWs sind nicht ganz so lange haltbar, können aber immerhin die Daten für 35–70 Jahre speichern.

Sehr wichtig für die Langzeithaltbarkeit scheint vor allem die Dunkellagerung zu sein. CDs, die dem Sonnenlicht ausgesetzt sind, altern sichtlich schneller.

6.2.9 DVD-R und DVD+R

Die DVD (Digital Versatile Disc), die „vielseitige digitalen Scheibe", ist von der Industrie als universeller Datenträger angelegt, auf dem Töne, Bilder und Filme aufgezeichnet werden können. Gegenüber der herkömmlichen CD zeichnet sie sich durch ein deutlich größeres Speichervermögen und neue Standards aus. So können dort beispielsweise komplette Spielfilme mit Surround-Ton ihren Platz finden. Einseitige DVDs halten bis zu 4,7 Gigabyte Daten, doppelseitige bringen es gar auf bis zu 9,6 Gigabyte.

In DVD-Brennern können DVD-R oder DVD+R Rohlinge gebrannt werden. Dualbrenner können sogar beide Medien brennen. Und mit Dual-Layer-DVDs (DVD-R und DVD+R9) stehen die Nachfolger von DVD-R und DVD+R mit einer Kapazität von 8,5 Gigabyte auch schon bereit.

Für den Anwender ist das Format letztlich egal, denn keins der beiden Formate kann signifikante Vorteile für sich verbuchen. Es geht im Wesentlichen nur um leicht unterschiedliche Datenstrukturen beim Brennen.

Theoretisch können alle gebrannten DVDs und auch gepressten DVD-Spielfilme in jedem DVD-Laufwerk gelesen werden. In der Praxis allerdings gibt es mitunter Schwierigkeiten; seltener mit gebrannten DVDs in den Abspielern, doch des öfteren mit Brennern und dem Brennen, denn nicht jeder DVD-Brenner kann jeden DVD-Rohling verarbeiten.

Problematisch ist auch, dass die Medien komplex und die Standards seit Jahren im Wandel sind. Neu auf den Markt kommende Rohlinge bedingen unter Umständen auch einen etwas anderen Schreibvorgang; Laserstärke und Pulslänge sollten optimiert werden, damit das Medium mit möglichst geringen Fehlerraten beschrieben wird. Da wird das Firmware-Update wichtig, sonst wird der Brenner schnell zum alten Eisen oder gar defekt:

Boten die ersten Brenner nur 1fache Schreibgeschwindigkeit, werden heute Brenner und Medien bis 8fach angeboten. Weil die neuen Medien aber auch höhere Brennerleistungen benötigen, kann das im schlechtesten Fall bei einem älteren Einfachlaufwerk zum Durchbrennen der Laserdiode führen.

CD- und DVD-Brenner
Foto: Pioneer

Es empfiehlt sich deshalb unbedingt, vor dem Kauf einen Blick auf die Webseite des Herstellers zu werfen und sich ein Bild zu machen, ob er Empfehlungen zu den Rohlingen gibt und Firmware-Updates anbietet.

Aus diesen Sachverhalten ergeben sich folgende Empfehlungen für DVD-Brenner:

- Ob Plus oder Minus ist egal, kein Medium ist besser.
- Verwenden Sie nur vom Hersteller empfohlene Medien (siehe Webseite). Das gilt für die Marke wie für die Geschwindigkeit! Aufgrund der Komplexität der Medien ist es auch keinesfalls empfehlenswert, auf Billigware auszuweichen.
- Wählen Sie einen Markenbrenner von einem Hersteller mit aktuellen Empfehlungen zu Rohlingen und Firmware-Updates zu den Geräten.

Als Backupmedium eignen sich DVD-R oder DVD+R hervorragend, denn große Datenmengen lassen sich kostengünstig speichern: Noch preiswerter ist nur der Streamer.

Die Haltbarkeit von DVDs ist mit der von CDs vergleichbar.

6.2.10 Medienvergleich

Bei der Auswahl eines geeigneten Mediums sollten Sie neben der wichtigsten Frage nach der Dauerhaftigkeit der Daten auch die Kosten berücksichtigen, denn einige Massenspeicher sind auf Dauer empfindlich teuerer als andere. Zu bedenken sind zudem Komfort und Tempo oder beides. Und nicht vergessen werden sollte die Dauerhaftigkeit der Daten: das billige Backup war viel zu teuer, wenn irgendwann die Daten schwinden.

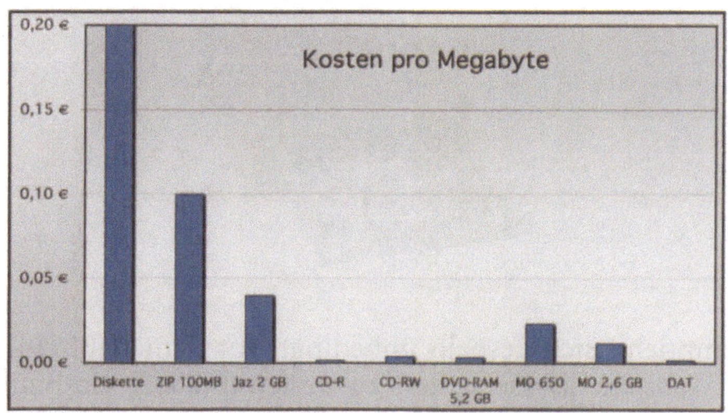

Teilen Sie einfach den Preis für ein Medium, ein Band oder eine CD durch die Anzahl Megabyte, die darauf Platz finden. Das Resultat zeigt Ihnen genau, wie das Medium im Vergleich zu den anderen dasteht. Ein Beispiel: Eine CD-R mit 650 Megabyte Fassungsvermögen könnte zum Beispiel 1 Euro kosten. 1:650 ergibt 0,001 – soviel kostet hier also ein Megabyte Speicherplatz. In dieser Kalkulation ist der Anschaffungspreis des Laufwerks nicht eingerechnet.

Die Medienkosten sind bei einem Backup schon deshalb nicht ganz unwichtig, weil es einem um so leichter fällt, regelmäßige Backups zu machen, je niedriger die Kosten sind.

6.3 Datenarchiv

Das Archivieren, Katalogisieren und Wiederfinden digitaler Fotos ist im Vergleich zur analogen Archivierung die reinste Freude, wenn einige Grundregeln beachtet werden. So lassen sich doch die Fotos mit geeigneter Software jederzeit als kleine Thumbnails sichten, beschriften und sortieren. Per Mausklick kann auf die Originaldatei zugegriffen werden, wobei nötigenfalls auch gleich das passende Medium verlangt wird: „Bitte legen Sie die CD ‚Urlaub 2000' ein".

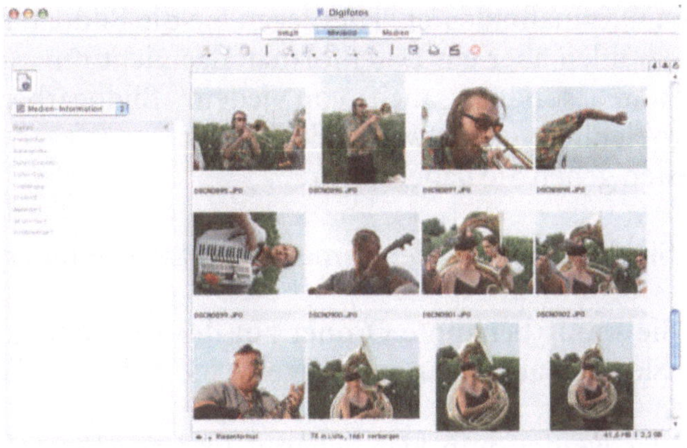

Katalogisierprogramm iView MediaPro.

Bilddatenbanken liegen nahezu jeder Kamera bei, es gibt aber auch separat erhältliche Programme, die meist mehr leisten. Egal, wofür Sie sich entscheiden, bedenken Sie dabei folgende Punkte:

- Wie langlebig wird das Programm wohl sein? Das Eingeben zusätzlicher Daten (Beschreibung, Schlüsselworte, …) macht Arbeit und wenn Sie das Programm schon nach einem Jahr nicht mehr benutzen können, sind all diese Eingaben verloren.
- Können die Daten exportiert werden? Beispielsweise, um die Belichtungsdaten in einer Datenbank oder Tabellenkalkulation auszuwerten.
- Werden die Daten eines Exif- oder IPTC-Headers angezeigt?

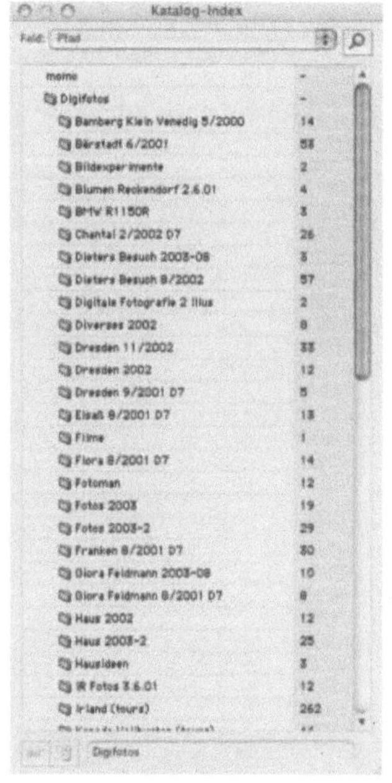

Die meisten Kameras speichern in den Formaten JPEG (komprimiert) oder TIFF (unkomprimiert) ab. Das sind Standardformate, die auch Bildbearbeitungsprogramme lesen können.

Vor dem Archivieren überzeugen Sie sich bitte davon, dass die Bilddaten auch tatsächlich (zusätzlich) in einem Format vorliegen, das sich auch ohne die spezielle Kamerasoftware lesen lässt. RAW-Formate werden sicherheitshalber gleich konvertiert und zusätzlich als TIFF-Datei abgelegt.

Sonst könnte es sein, dass Sie auf diese Bilddaten in ein paar Jahren nicht mehr zugreifen können, weil die Software zur Kamera nicht mehr weiter gepflegt wurde und auf dem neuen Rechner nicht mehr läuft.

Schaffen Sie sich ein sinnvolles Archivverzeichnis (geordnet zum Beispiel nach Themengebieten oder Zeiträumen) für die aufzubewahrenden Originalbilddaten. Hier legen Sie die Bilddaten unmanipuliert ab, wählen aber ein Datenformat, das nicht nur von der Kamera-Software, sondern auch von jedem Bildbearbeitungsprogramm problemlos gelesen werden kann.

Am besten gehen Sie dabei so vor:

1. Laden Sie die Fotos aus der Kamera respektive von der Speicherkarte.
2. Legen Sie sinnig benannte Ordner auf der Festplatte an und bewegen Sie thematisch zusammengehörige Fotos in die entsprechenden Ordner.
3. Die Bilder werden nun klar benannt und gegebenenfalls in ein allgemein verständliches Datenformat konvertiert. Am besten gleich in eines, das mit verlustfreier oder gar keiner Kompression arbeitet, denn dann kann die Kopie davon bearbeitet werden, ohne dass erst konvertiert werden müsste.

Diesen Vorgang können etliche Utilities wie GraphicConverter (Shareware für Macintosh) oder XnView (Freeware für Windows) erleichtern, die das automatische Konvertieren und Umbenennen unterstützen.

Ihre Archivdaten sind damit angelegt und können auf geeigneten (Langzeit-)Speichermedien gesichert werden. Im Umgang mit diesen Daten sind folgende Dinge zu beachten:

- Diese Daten sind absolut tabu, was Änderungen angeht. Das sind die Originaldaten (wie einst Negative und Dias), die so immer erhalten bleiben sollen.
- Bildmanipulationen jeglicher Art erfolgen immer an einer Kopie, die vorher in einem Projektordner abgelegt wird.
- Sind genügend Bilder zusammengekommen, werden sie auf ein externes Speichermedium wie zum Beispiel eine CD-R ausgelagert.
- Sowohl die Bilddaten von der Festplatte wie auch jene auf dem externen Medium erhalten ein Backup.

6.4 Datensicherung

Eine gute Backup-Strategie berücksichtigt drei Gefahren:

- Die Daten auf der Festplatte können (versehentlich) gelöscht oder zerstört werden.
  Sie sollten sich deshalb – möglichst aktuell – auf einem zweiten Speichermedium befinden. Das bedeutet: Ein Backup macht nur Sinn, wenn es regelmäßig in nicht zu langen Zeitabständen durchgeführt wird. Für die meisten Anwender wird die tägliche Sicherung bei Arbeitsende ideal sein.
  Gut auch, wenn sich (möglichst viele) ältere Versionen eines Dokuments im Backup finden. Zeigt sich beim Aufruf der Fotos vom vergangenen Jahr, dass eine Datei defekt ist, dann existieren idealerweise frühere Versionen im Backup, auf die zurückgegriffen werden kann. Bei einem so genannten inkrementellen Backup werden Platz sparend jeweils nur gegenüber dem letzten Backup die geänderter Daten gesichert; gleichzeitig bleiben so ältere Versionen erhalten.
- Das Sicherungsmedium kann zerstört werden.
  Eine Zip ist defekt, eine Wechselplatte fällt herunter und zerbricht… Die Daten sollten deshalb abwechselnd auf mehreren Datenträgern gesichert werden (= rotierendes Backup).
- Das Archiv kann zerstört werden.
  Es kommt nicht allzu oft vor, aber manchmal eben doch: Ein Zimmer- oder Hausbrand, Überschwemmung, ein Regal stürzt ein. Solche Desaster können Computer und Backup-Medien vernichten. Wichtige Backups sollten deshalb auf jeden Fall zusätzlich an einem externen Ort gelagert werden.

Eine einfache und doch recht zuverlässige Strategie arbeitet mit drei – oder mehr – Sätzen Wechselmedien, die rotierend benutzt werden: Arbeit A1, A2, … Arbeit B1, B2, … Arbeit C1, C2, …

Am Montag wird auf Satz „A" gesichert, am Dienstag auf „B", am Mittwoch auf „C", und am Donnerstag dann wieder auf „A", Freitags auf „B" usw. Geschieht dann am Donnerstagabend das Unglück, dass sowohl die Daten auf der Festplatte wie auch jene des

Satzes „C" defekt sind, so kann auf Satz „B" vom Dienstag zurückgegriffen werden. Der ist hoffentlich intakt, und verloren ist „nur" die Arbeit von zwei Tagen. Das ist zwar schlecht, aber immer noch besser, als die Arbeit von Monaten oder Jahren zu verlieren.

Backupsoftware, die in einem eigenen Datenformat ablegt, ist als problematisch anzusehen, was die Langzeitarchivierung angeht. Da der Zugriff auf die Daten untrennbar mit dem Backup-Programm verbunden ist, sind auch die Daten verloren, wenn aus irgendwelchen Gründen dieses nicht mehr funktionieren sollte. 

Bei uns hat sich in der Praxis folgende Vorgehensweise „eingeschlichen" und dabei als einigermaßen bequem und ziemlich zuverlässig erwiesen:

- Daten werden prinzipiell auf einem eigenen Datenvolume gesichert, nie mit den Programmen gemischt.
- Dieses Datenvolume wird von Zeit zu Zeit mit zwei anderen Volumes abgeglichen (das erledigt ein Synchronisationsprogramm).

Am Rechner ist eine schnelle FireWire-Festplatte eigens für die Datensicherung angeschlossen. In Arbeitspausen wird mal eben schnell abgeglichen.

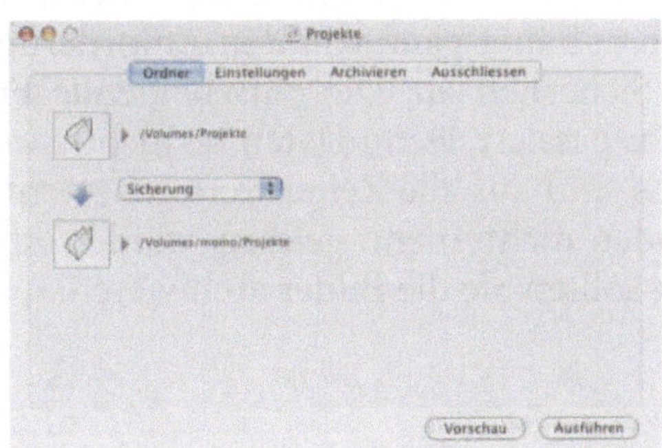

Das Projektlaufwerk wird mit einem externen Laufwerk abgeglichen.

Das dauert kaum eine Minute und ein potentieller Headcrash kann im schlimmsten Fall „nur" die Arbeit von der letzten Sicherung bis jetzt vernichten.

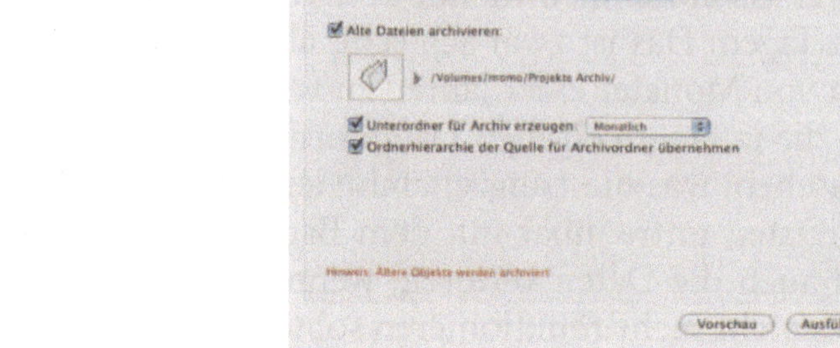

Ältere Dateien werden nicht gelöscht, sondern zur Sicherheit archiviert.

Ein weiterer (älterer) Rechner im Netzwerk dient als „Spiegelrechner": Er hält dieselben Programme und Daten vor und wenn der Hauptrechner einmal ausfallen sollte, kann nahtlos (wenn auch etwas behäbiger) damit weitergearbeitet werden. Auch mit ihm werden die Daten regelmäßig synchronisiert, meist einmal am Tag bei Arbeitsende.

Damit stehen zwei Sicherungen zur Verfügung, die beide ziemlich aktuell sind. Noch aber sind die Daten weder gegen Umweltkatastrophen geschützt noch langlebig archiviert. Sie werden deshalb in regelmäßigen Abständen auf CD-R gebrannt und weit entfernt bei einer Freundin gelagert.

Wie Sie nun Begriffe wie „regelmäßig" oder „von Zeit zu Zeit" für sich definieren, hängt ganz von den Anforderungen an die Daten und deren Sicherheit ab. Die entscheidende Frage wird dabei immer sein: „Was passiert, wenn Daten vernichtet werden?".

Digitale Fotos sind auf alle Zeiten verloren, wenn die Daten zerstört werden oder nicht mehr gelesen werden können. Entsprechend sorgfältig sollten Sie die Bilder archivieren.

6.5 Archivierung

Bei allen Materialien wird die Langzeithaltbarkeit entscheidend durch die sorgfältige Aufbewahrung beeinflusst. Das betrifft auch die Speichermedien – es kann also nicht schaden, CDs und DVDs wie eine Aufsichtvorlage zu archivieren: siehe *5.7.1 Aufsichtvorlagen archivieren.*

Neben dem bereits in den entsprechenden Abschnitten Gesagtem gilt für die meist benutzten optischen Speichermedien wie CDs und DVDs Folgendes:

- Einmalig beschreibbare Medien (CD-R, DVD-R, DVD+R) sind haltbarer als RW-Ausführungen.
- Goldbeschichtete Medien sind besonders haltbar.
- Dunkellagerung ist empfehlenswert.
- Die Medien sollten nicht liegend, sondern stehend (wie Bücher) gelagert werden.

Anhang

Glossar

Auflösung

Maßangabe, mit der sich die Fähigkeit eines Gerätes beschreiben lässt, Details wiederzugeben. Gängige Maßeinheiten sind ppi (pixel per inch), dpi (dots per inch) und lpi (lines per inch). 1 inch entspricht 2,54 cm. Manchmal wird statt der amerikanischen auch die europäische Maßeinheit „cm" benutzt – Linien pro Zentimeter.

CMYK

Farbmodell mit den Farben Cyan, Magenta, Yellow (Gelb) und Black (Schwarz), wie es nahezu allen Drucktechniken zugrunde liegt.

EPS

Encapsulated PostScript ist ein weit verbreitetes Format, um objektorientierte Grafiken zu speichern.

Normalerweise enthält eine EPS-Datei zwei Versionen der Grafik. Das Hauptbild ist auflösungsunabhängig in PostScript beschrieben, um es auf einem PostScript-Ausgabegerät drucken zu können. Das zweite optionale Bild ist eine niedrig auflösende Version im Bitmap-Format, die in den entsprechenden Applikationen schnell auf dem Bildschirm angezeigt werden kann, ohne dass eine PostScript-Interpretation notwendig wird.

Das Prinzip des Doppelbildes ermöglicht es dem DTP-Programm, die hochqualitativen EPS-Grafiken einzulesen und zu bearbeiten, während es die schnell darzustellende PICT-Version für die Bildschirmdarstellung benutzt.

Wenn eine EPS-Datei keine eingebettete PICT-Version der Grafik beinhaltet, dann stellt die importierende Applikation statt dessen einen rechteckigen Platzhalter auf dem Bildschirm dar.

GIF

Das GIF-Format (Graphic Interchange Format) wurde vom Informationsservice Compuserve entwickelt. Es ist ein plattformübergreifendes komprimierendes Grafikformat. Die Bilder sind zwar auf

8 Bit (256 Farben) begrenzt, können aber von sehr vielen Programmen, sowohl auf dem Mac wie auch auf dem PC, erkannt und eingelesen werden.

GIF ist heute zu einem der beiden Standardbildformate (neben JPEG) für das WWW geworden. Ein Vorteil von GIF ist die Möglichkeit, eine der 256 Farben transparent darzustellen.

JPEG

JPEG (ausgesprochen „dschäi-peg", Abkürzung für „Joint Photographers Experts Group") ist im eigentlichen Sinne kein Grafikformat, sondern eine hocheffektive Komprimiermethode, mit der 24-Bit-Bilder und Graufstufenbilder auf bis zu 1/20 ihrer Originalgröße komprimiert werden können.

Aufgrund der Arbeitsweise des Algorithmus ist dieses Verfahren am besten für naturalistische Bilder wie Landschaften oder Stilleben geeignet. Weniger gut werden Bilder mit Text oder allgemein Strichzeichnungen interpretiert. JPEG ist bei der Datenkomprimierung von Standbildern sehr effektiv (für bewegte Bilder kommt ein verwandtes Prinzip zum Einsatz: MPEG).

Das Verfahren arbeitet verlusthaft: Was einmal (weg-) komprimiert worden ist, kann nachträglich nie mehr hinzugerechnet werden – die schlechtere Qualität bleibt. Zu bedenken bleibt auch, dass mit zunehmender Komprimierung nicht nur die Qualität leidet, sondern das Öffnen eines Bildes auch immer länger dauert – denn beim Öffnen muss es ja wieder dekomprimiert werden.

In der höchsten Qualitätsstufe erreicht JPEG ein Niveau, das gegenüber dem TIFF-Format kaum messbare Unterschiede aufweist, aber deutlich weniger Speicher belegt. Dies ist ein Grund, warum JPEG gerne und oft für das Archivieren von sehr großen Bilddateien herangezogen wird. Fotosammlungen in Profiqualität auf CD-ROM seien hier nur als eine von vielen möglichen Anwendungen genannt.

JPEG 2000

JPEG wurde speziell für Halbtonbilder – für Fotos – entwickelt und optimiert und eignet sich deshalb nur schlecht oder gar nicht für andere Dateien wie Verbunddokumente (Text, Bild und Grafik gemischt), Computergrafiken (mit harten Übergängen) und Strichgrafiken.

Das soll der neuen Standard JPEG 2000 ändern. Zuvorderst besteht hier auch die Möglichkeit der verlustfreien Komprimierung (bei rund halber Dateigröße). Weiter wurden die Algorithmen auch für Bild, Text und Grafiken optimiert, so dass JPEG 2000 alle Anlagen hat, sich zu einem neuen Standard zu entwickeln und auch in digitalen Kameras Einzug zu halten.

Photoshop

Das Photoshop-Format ist insofern wichtig, als mit ihm zusätzlich zu den reinen Bildinformationen noch andere Dinge mitgesichert werden können. So unter anderem beliebig viele Ebenen sowie Masken und Kanäle.

In den verschiedenen Ebenen können zum Beispiel unterschiedliche Beschriftungen abgelegt werden, inklusive deren Schattenwurf vor dem Hintergrund. Oder in den Kanälen können Masken für wiederkehrende Aufgaben gespeichert werden. Damit lassen sich Bildvarianten und Bildvorlagen erstellen.

Pixel

Kunstwort aus „Picture element". Ein Pixel bezeichnet den kleinsten darstellbaren Punkt eines Bildes. Die Anzahl der Pixel ist das Maß für die Auflösung eines Bildes.

PostScript

PostScript wurde von Adobe für die Ansteuerung von High-End-Laserdruckern und Fotobelichtern entwickelt. Es ist eine Seitenbeschreibungssprache, die Text genauso wie andere Seitenelemente als objektorientierte Grafikelemente beschreibt.

Eine PostScript-Datei ist eine einfache Textdatei, in der eine Seite beschrieben wird. Der Vorzug so einer Datei liegt darin, dass die Originalapplikation nicht mehr gebraucht wird, um das Bild auszugeben. Die Datei kann mit einem geeigneten Download Utility direkt an das PostScript-Ausgabegerät geleitet werden. Dort werden die PostScript-Daten übersetzt und das Bild entsteht.

Da aber bei der Ausgabe als PostScript-Datei die Möglichkeit verloren geht, die Grafik nachträglich zu bearbeiten, sollte man immer eine Originaldatei zurückbehalten.

PostScript Level 2 erweitert PostScript vor allem bezüglich der Bearbeitung von Farbdaten. Probleme mit Interferenzen (Moirés) beim Vierfarbdruck etwa treten nun weniger häufig auf, da unter anderem die Möglichkeiten der Rasterwinkelung verbessert wurden.

Raster

Raster werden in der Drucktechnik verwandt, um Halbtonbilder in einzelne feine Punkte zu zerlegen. So können Halbtonbilder auch auf Geräten dargestellt werden, die keine echte Halbtonausgabe bieten – das trifft beispielsweise auf die allermeisten Drucker zu.
Rasterfrequenz

Bei den meisten Druckern und Satzbelichtern sind Druckpunkte in Größe und Farbe unveränderlich. Um ein Bild in unterschiedlich hellen Pixeln wiedergeben zu können, werden mehrere Druckpunkte zu einem mehr oder weniger großen Rasterpunkt zusammengesetzt. Das bedeutet, dass ein Rasterpunkt immer wesentlich größer ist als der kleinstmögliche Druckpunkt. Die Anzahl Rasterpunkte, die pro cm oder Zoll gedruckt werden, bezeichnet man als Rasterfrequenz. Sie wird in Punkten pro cm oder in Linien per inch angegeben, wobei der Ausdruck „Linien" auch für punktförmige Raster verwendet wird.

Rastern und Dithern

Der Unterschied zwischen Rastern und Dithern: Beim Rastern (bekannt vom Zeitungsdruck) werden unterschiedliche Grautöne durch unterschiedlich große Punkte simuliert (Amplitudenänderung). Beim Dithern dagegen sind alle Rasterpunkte gleich groß und die Grauwerte werden durch unterschiedliche Punktabstände erreicht (Frequenzänderung).

Rasterweite

Bezeichnet die Anzahl der Linien oder Punkte pro cm bzw. Zoll eines Rasters.

Rasterwinkel

Winkel, um die die einzelnen Filme bei Prozessfarbauszügen gegeneinander versetzt werden. Die richtige Rasterwinkelung ist entscheidend zur Minimierung von Moirémustern.

RAW

Das rohe Bilddatenformat ohne jede Berechnungen wie Komprimierung, Schärfe, Farbe, Weißabgleich etc. Vorteil: Maximale Bildqualität mit maximalen Beeinflussungsmöglichkeiten. Nachteil: Große Bilddateien (langsame Speicherung und damit Aufnahmefolge) und aufwendige Nachbearbeitung.

RGB

Farbmodell mit den Farben Rot, Grün und Blau, das bei der Bildgenerierung (digitale Kamera, Scanner) und der Bilddarstellung am Monitor benutzt wird.

sRGB

Der kleine (beschränkte) RGB-Farbraum (sRGB = small RGB) ist für die gleichartige Bilddarstellung auf allen Computerbildschirmen gedacht.

TIFF

Das Tagged Image File Format wurde vor Jahren für IBM entwickelt und ist ein komplexes Format für Farbtiefen von 1 bis 24 Bit pro Pixel, das plattformunabhängig definiert ist. Es ist deshalb das gebräuchlichste – und zuverlässigste – Bildformat für den Austausch zwischen verschiedenen Plattformen. Das Format unterstützt Bitmap, Graustufen, RGB in 24 Bit und CMYK. Es bietet sehr flexible Möglichkeiten, Bilder mit verschiedenen Auflösungen, verschiedenen Graustufen oder Farben zu speichern. Allerdings kann es keine objektorientierten Bilder speichern.

Da TIFF-Dateien relativ groß werden können, unterstützen mittlerweile viele Programme auch eine Komprimierung der Daten. Allerdings gibt es dabei verschiedene Komprimierungsmethoden und es ist nicht immer gewährleistet, dass jedes Programm auch alle beherrscht.

Die LZW-Komprimierung arbeitet verlustfrei, das heißt, es entsteht keine Beeinträchtigung der Bilddatei. Je mehr Farbnuancen existieren, um so weniger wird die Datei komprimiert. Strichbilder können problemlos auf bis zu 10% der ursprünglichen Größe reduziert werden, während 24-Bit-Bilder mit Farbverläufen kaum komprimiert werden.

Im Zweifelsfall ist es aber immer am sichersten, TIFF unkomprimiert abzuspeichern, denn damit kommen alle Programme und Plattformen am zuverlässigsten klar.

Index